रवीन्द्रनाथ ठाकु

बांग्ला भाषा के शीर्षस्थ रचनाकार रवीन्द्रनाथ ठाकुर का जन्म 7 मई, 1861 को जोड़ासाँको ठाकुरबाड़ी, कोलकाता (पश्चिम बंगाल) में हुआ। स्कूली शिक्षा सेंट जेवियर स्कूल में हुई। 1878 में इंग्लैंड गए; पब्लिक स्कूल, ब्रिजटोन में दाखिला लिया और लन्दन कॉलेज विश्वविद्यालय में कानून का अध्ययन किया लेकिन 1880 में बिना डिग्री हासिल किये ही स्वदेश लौट आए। 1883 में मृणालिनी के साथ विवाह हुआ। 1901 में शान्तिनिकेतन की स्थापना की। साहित्य की सभी विधाओं में विपुल लेखन किया। 52 कविता-संग्रह, 13 उपन्यास, 95 कहानियाँ, 38 नाटक, निबन्ध और अन्य गद्य विधाओं के 36 संग्रहों के अलावा पत्रों के कई खंड भी प्रकाशित। संगीत और चित्रकला में भी उल्लेखनीय सृजन किया। 'गीतांजलि' काव्यकृति के लिए उन्हें सन् 1913 में साहित्य का नोबेल पुरस्कार प्रदान किया गया। वे एकमात्र कवि हैं जिनकी दो रचनाएँ दो देशों का राष्ट्रगान बनीं—भारत का राष्ट्रगान 'जन गण मन' और बांग्लादेश का राष्ट्रगान 'आमार सोनार बांग्ला'। 'गुरुदेव', 'कविगुरु' और 'विश्वकवि' के रूप में व्यापक रूप से समादृत। 7 अगस्त, 1941 को कोलकता में उनका निधन हो गया।

डॉ. डोमन साहु 'समीर'

डॉ. डोमन साहु 'समीर' का जन्म 30 जून, 1924 को ग्राम पन्दाहा, गोड्डा, झारखंड में हुआ था। उन्होंने एम.ए. (हिन्दी), डी.लिट्. किया। उन्हें विद्यासागर, काव्य-शास्त्री, साहित्य-वारिधि, अंगिका-मनीषी, भोजपुरी-भारती आदि मानद उपाधियों से सम्मानित किया गया। उनकी प्रकाशित पुस्तकें हैं—'हिन्दी और सन्ताली तुलनात्मक अध्ययन' (शोध-ग्रन्थ), 'हिन्दी-सन्ताली शब्दकोश', 'अंगिका-हिन्दी शब्दकोश', 'एक दीप मेरा भी' (कविता-संग्रह)। हिन्दी, सन्ताली और अंगिका भाषाओं की छोटी-बड़ी 50-51 पुस्तकें तथा सैकड़ों पत्र-पत्रिकाओं में लेख, कविताएँ, कहानियाँ प्रकाशित और आकाशवाणी (पटना, राँची, भागलपुर) से प्रसारित हुईं। उन्होंने प्रथम सन्ताली साप्ताहिक पत्र 'होड़-सोम्बाद' का लगातार 36 वर्षों तक (जून, 1947 से जून, 1983 ई. तक) सम्पादन किया। उन्हें 'साहित्य अकादेमी पुरस्कार'; नागरी लिपि परिषद्, नई दिल्ली; राजभाषा विभाग, पटना आदि कई संस्थानों द्वारा सम्मानित किया गया।

गीतांजलि

रवीन्द्रनाथ ठाकुर

अनुवाद
डॉ. डोमन साहु 'समीर'

राधाकृष्ण पेपरबैक्स

राधाकृष्ण पेपरबैक्स में
पहला संस्करण : 2004
तेरहवाँ संस्करण : 2025

राधाकृष्ण पेपरबैक्स : उत्कृष्ट साहित्य के जनसुलभ संस्करण

राधाकृष्ण प्रकाशन प्राइवेट लिमिटेड
जी-17, जगतपुरी, दिल्ली-110 051
द्वारा प्रकाशित

शाखाएँ : अशोक राजपथ, साइंस कॉलेज के सामने, पटना-800 006
पहली मंजिल, दरबारी बिल्डिंग, महात्मा गांधी मार्ग, प्रयागराज-211 001
1, अनमोल सोराबजी सन्तुक लेन, धोबी तलाव, मरीन लाइंस, मुम्बई-400 002
वेबसाइट : www.radhakrishnaprakashan.com
ई-मेल : info@radhakrishnaprakashan.com

विकास कम्प्यूटर एंड प्रिंटर्स
ट्रॉनिका सिटी-201 102
द्वारा मुद्रित

मूल्य : ₹250

GEETANJALI
by Ravindranath Thakur
Translated by Dr. Doman Sahu 'Samir'

ISBN : 978-81-8361-266-1

आमुख

बँगला भाषा की 'गीतांजलि' विश्वविश्रुत कवि रवीन्द्रनाथ ठाकुर (1861-1941 ई.) की कालजयी कृति है जिस पर उन्हें साहित्य के क्षेत्र में विश्व का सर्वोच्च 'नोबेल पुरस्कार' प्राप्त करने का गौरव उपलब्ध रहा है। वस्तुतः, विश्व-साहित्य की एक अपूर्व / अमूल्य निधि है 'गीतांजलि'।

'गीतांजलि' के गीतों के अनुवाद अनेक भाषाओं में हुए हैं। उसके कुछ गीतों के अंग्रेजी अनुवाद मैंने पढ़े हैं; परन्तु उनके हिन्दी-अनुवाद, जो विभिन्न साहित्यकारों द्वारा किए गए हैं, मैं अब तक देख नहीं पाया हूँ। हाँ, पिछले दिनों मेरे एक मित्र ने उस पुस्तक के कुछ गीतों के अनुवाद सन्ताली भाषा में किए हैं जिन्हें संशोधित करने के क्रम में मैं उन गीतों के पद्यात्मक अनुवाद हिन्दी में करने को उत्प्रेरित हुआ जिसका परिणाम प्रस्तुत रचनाओं के रूप में है।

विश्वभारती ग्रन्थ-विभाग, कोलकाता द्वारा प्रकाशित बँगला 'गीतांजलि' की जो प्रति मेरे पास है उसमें कुल 157 गीत हैं। उनमें से जो गीत आत्माभिव्यंजन, अध्यात्म-चिन्तन, जीवन-दर्शन, प्रकृति-चित्रण, भाव-प्रकाशन आदि की दृष्टि से मुझे 'विशिष्ट' लगे उन 138 गीतों के अनुवाद मैंने इस संग्रह में संकलित किए हैं। शेष तीन गीत रबि बाबू की अन्य तीन पुस्तकों से हैं।

मेरे द्वारा अनूदित ये सभी गीत लयात्मक और छन्दोबद्ध हैं। यद्यपि इनमें अन्त्यानुप्रास के निर्वाह का कोई आग्रह नहीं है ताकि मूल बँगला गीतों की भाव-सम्पदा की सुरक्षा में कोई व्यवधान न पड़े।

प्रस्तुत अनूदित गीतों का प्रकाशन राधाकृष्ण प्रा. लि., नई दिल्ली द्वारा किया जा रहा है जिसके लिए मैं अपना हार्दिक आभार उक्त प्रकाशन-संस्था के प्रति अभिव्यक्त करना चाहूँगा। आशा है, हिन्दी-जगत में इन अनुवादों का स्वागत होगा। इति शुभम् !

21 नवम्बर, 2002 ई. **–डॉ. डोमन साहु 'समीर'**

गीतांजलि

सूची

गीत (संख्या 1 से 138 तक : 'गीतांजलि' से)

1

मेरा माथा नत कर दो तुम
अपनी चरण-धूलि-तल में;
मेरा सारा अहंकार दो
डुबो-चक्षुओं के जल में।
गौरव-मंडित होने में नित
मैंने निज अपमान किया है;
घिरा रहा अपने में केवल
मैं तो अविरल पल-पल में।
मेरा सारा अहंकार दो
डुबो चक्षुओं के जल में॥

अपना करूँ प्रचार नहीं मैं,
खुद अपने ही कर्मों से;
करो पूर्ण तुम अपनी इच्छा
मेरी जीवन-चर्या से।
चाहूँ तुमसे चरम शान्ति मैं,
परम कान्ति निज प्राणों में;
रखे आड़ में मुझको
आओ हृदय-पद्म-दल में।
मेरा सारा अहंकार दो।
डुबो चक्षुओं के जल में॥

(आमार माथा नत क'रे दाव तोमार चरण धूलार त' ले।)

2

विविध वासनाएँ हैं मेरी प्रिय प्राणों से भी,
वंचित कर उनसे तुमने की है रक्षा मेरी;
संचित कृपा कठोर तुम्हारी है मम जीवन में।

अनचाहे ही दान दिए हैं तुमने जो मुझको,
आसमान, आलोक, प्राण-तन-मन इतने सारे,
बना रहे हो मुझे योग्य उस महादान के ही,
अति इच्छाओं के संकट से त्राण दिला करके।

मैं तो कभी भूल जाता हूँ, पुनः कभी चलता,
लक्ष्य तुम्हारे पथ का धारण करके अन्तस् में,
निष्ठुर ! तुम मेरे सम्मुख हो हट जाया करते।

यह जो दया तुम्हारी है, वह जान रहा हूँ मैं;
मुझे फिराया करते हो अपना लेने को ही।
कर डालोगे इस जीवन को मिलन-योग्य अपने,
रक्षा कर मेरी अपूर्ण इच्छा के संकट से॥

(आमि / बहु वासनाय प्राणपणे चाइ... ।)

3

अनजानों से भी करवाया है परिचय मेरा तुमने;
जानें, कितने आवासों में ठाँव मुझे दिलवाया है।
दूरस्थों को भी करवाया है स्वजन समीपस्थ तुमने,
भाई बनवाए हैं मेरे अन्यों को, जानें, कितने।

छोड़ पुरातन वास कहीं जब जाता हूँ मैं,
'क्या जानें क्या होगा'—सोचा करता हूँ मैं।
नूतन बीच पुरातन हो तुम, भूल इसे मैं जाता हूँ;
दूरस्थों को भी करवाया है स्वजन समीपस्थ तुमने।

जीवन और मरण में होगा अखिल भुवन में जब जो भी,
जन्म-जन्म का परिचित, चिन्होगे उन सबको तुम ही।
तुम्हें जानने पर न पराया होगा कोई भी;
नहीं वर्जना होगी और न भय ही कोई भी।

जगते हो तुम मिला सभी को, ताकि दिखो सबमें ही।
दूरस्थों को भी करवाया है स्वजन समीपस्थ तुमने॥

(कत' अजानारे जानाइले तुमि... ।)

4

मेरी रक्षा करो विपत्ति में, यह मेरी प्रार्थना नहीं है;
मुझे नहीं हो भय विपत्ति में, मेरी चाह यही है।
दुःख-ताप में व्यथित चित्त को
यदि आश्वासन दे न सको तो,
विजय प्राप्त कर सकूँ दुःख में, मेरी चाह यही है॥
मुझे सहारा मिले न कोई तो मेरा बल टूट न जाए,
यदि दुनिया में क्षति-ही-क्षति हो,
(और) वंचना आए आगे,
मन मेरा रह पाये अक्षय, मेरी चाह यही है॥

मेरा तुम उद्धार करोगे, यह मेरी प्रार्थना नहीं है;
तर जाने की शक्ति मुझे हो, मेरी चाह यही है।
मेरा भार अगर कम करके नहीं मुझे दे सको सान्त्वना,
वहन उसे कर सकूँ स्वयं मैं, मेरी चाह यही है॥
नतशिर हो तब मुखड़ा जैसे
सुख के दिन पहचान सकूँ मैं,
दुःख-रात्रि में अखिल धरा यह जिस दिन करे वंचना मुझसे,
तुम पर मुझे न संशय हो तब, मेरी चाह यही है॥

(विपोदे मोरे रक्षा क'रो, ए न'हे मोर प्रार्थना)

5

प्रेम, प्राण, गीत, गन्ध, आभा और पुलक में,
आप्लावित कर अखिल गगन को, निखिल भुवन को,
अमल अमृत झर रहा तुम्हारा अविरल है।

दिशा-दिशा में आज टूटकर बन्धन सारा–
मूर्तिमान हो रहा जाग आनंद विमल है;
सुधा-सिक्त हो उठा आज यह जीवन है।

शुभ्र चेतना मेरी सरसाती मंगल-रस,
हुई कमल-सी विकसित है आनन्द-मग्न हो;
अपना सारा मधु धरकर तब चरणों पर।

जाग उठी नीरव आभा में हृदय-प्रान्त में,
उचित उदार उषा की अरुणिम कान्ति रुचिर है,
अलस नयन-आवरण दूर हो गया शीघ्र है॥

(प्रेमे प्राणे गाने गन्धे आलोके पुलके... ।)

6

आओ नव-नव रूपों में तुम प्राणों में;
आओ गन्धों में, वर्णों में, गानों में।
आओ अंगों में तुम, पुलकित स्पर्शों में;
आओ हर्षित सुधा-सिक्त सुमनों में।
आओ मुग्ध मुदित इन दोनों नयनों में;
आओ नव-नव रूपों में तुम प्राणों में।
आओ निर्मल उज्ज्वल कान्त !
आओ सुन्दर स्निग्ध प्रशान्त !
आओ, आओ हे वैचित्र्य-विधानों में।

आओ सुख-दुःख में तुम, आओ मर्मों में;
आओ नित्य-नित्य ही सारे कर्मों में।
आओ, आओ सर्व कर्म-अवसानों में;
आओ नव-नव रूपों में तुम प्राणों में॥

(तुमि ! नव-नव रूपे एसो प्राणे... ।)

7

लगी हवा यों मन्द-मधुर इस
नाव-पाल पर अमल-धवल है;
नहीं कभी देखा है मैंने
किसी नाव का चलना ऐसा।

लाती है किस जलधि-पार से
धन सुदूर का ऐसा, जिससे–
बह जाने को मन होता है;
फेंक डालने को करता जी
तट पर सभी चाहना-पाना !

पीछे छरछर करता है जल,
गुरु गम्भीर स्वर आता है;
मुख पर अरुण किरण पड़ती है,
छनकर छिन्न मेघ-छिद्रों से।

कहो, कौन हो तुम ? कांडारी !
किसके हास्य-रुदन का धन है ?
सोच-सोचकर चिन्तित है मन,
बाँधोगे किस स्वर में यन्त्र ?
मन्त्र कौन-सा गाना होगा ?

(लेगेछे अमल धवल पाले मन्द मधुर हावा)

8

कहाँ आलोक, कहाँ आलोक ?
विरहानल से इसे जला लो।
दीपक है, पर दीप्ति नहीं है;
क्या कपाल में लिखा यही है ?
उससे तो मरना अचछा है;
विरहानल से इसे जला लो॥

व्यथा-दूतिका गाती—प्राण !
जगें तुम्हारे हित भगवान।
सघन तिमिर में आधी रात
तुम्हें बुलावें प्रेम-विहार—
करने, रखें दुःख से मान।
जगें तुम्हारे हित भगवान।'

मेघाच्छादित आसमान है;
झर-झर बादल बरस रहे हैं।
किस कारण इस घोर निशा में
सहसा मेरे प्राण जगे हैं ?
क्यों होते विह्वल इतने हैं ?
झर-झर बादल बरस रहे हैं।

बिजली क्षणिक प्रभा बिखेरती,
निविड़ तिमिर नयनों में भरती।
जानें, कितनी दूर, कहाँ है—
गूँजा गीत गम्भीर राग में।

ध्वनि मन को पथ–ओर खींचती,
निविड़ तिमिर नयनों में भरती।

कहाँ आलोक, कहाँ आलोक ?
विरहानल से इसे जला लो।
घन पुकारता, पवन बुलाता,
समय बीतने पर क्या जाना !
निविड़ निशा, घन श्याम घिरे हैं;
प्रेम-दीप से प्राण जला लो॥

(कोथाय आलो, कोथाय ओरे आलो ?)

9

जानें, कैसे गाते हो तुम गीत, गुणी !
मैं अवाक् हो सुनता, सुनता ही रहता !

व्याप्त भुवन में सुर-प्रकाश हो जाता है,
राग पवन का पसर गगन में जाता है;
हो जाता है भंग विकल हो पत्थर भी,
जब स्वर की सुर-लहरी तब बजने लगती।

चाह यही है वैसा ही मैं भी गाऊँ,
(और) कंठ में वैसा ही निज स्वर भर लूँ।
चाह रहा हूँ—कहूँ; कहाँ कह पाता हूँ ?
रो देते हैं प्राण हारकर मेरे ये।

डाल दिया किस फंदे में तुमने मुझको,
अपने स्वर का जाल चतुर्दिक् बुन करके ॥

(तुमि / केमन क'रे गान क'रोजे, गुणी !)

10

छिपे आड़ में रह जाने से यों अब नहीं चलेगा;
आ जाओ, इस अन्तस्तल में आ करके छिप बैठो।
कोई नहीं जान पाएगा, कोई कुछ न कहेगा।
लुका-छिपी है लखी तुम्हारी–
अखिल विश्व में, देश-देश में;
कहो कि मेरे मन में पकड़े जाओगे, न छलोगे।
छिपे आड़ में रह जाने से यों अब नहीं चलेगा॥

जान रहा हूँ कठिन हृदय यह–
नहीं चरण रखने लायक है;
सखे ! तुम्हारी हवा हृदय में लग जाए यदि, फिर भी–
क्या न प्राण-पाषाण कड़ा यह मेरा कभी गलेगा ?
न हो साधना चाहे मेरी,
प्राप्त अगर हो कृपा तुम्हारी,
नहीं खिलेगा फूल, न कोई फल क्या कहीं फलेगा ?
छिपे आड़ में रह जाने से यों अब नहीं चलेगा॥

(अमन / आड़ाल दिये लुकिये गेले च'लबे ना।)

11

दर्शन यदि पाऊँ न तुम्हारा, हे प्रभु ! मैं इस जीवन में,
नहीं कभी फिर पाऊँ तुमको, याद रहे जैसे मन में।
ताकि भूल जाऊँ न, वेदना रहे शयन में, स्वप्न में॥

इस संसार-हाट में मेरे दिन जितने भी कट जाएँ,
दोनों हाथ भले ही ये जितने भी धन से भर जाएँ;
प्राप्ति नहीं है तब भी कुछ, यह बात रहे मेरे मन में।
ताकि भूल जाऊँ न, वेदना रहे शयन में, स्वप्न में॥

यदि आलस से रहूँ बैठ मैं कभी किसी पथ पर यों ही,
पड़ा रहूँ यदि बिस्तर अपना डाल यत्न से रज में ही;
शेष पड़ा है पथ, जैसे यह याद रहे मेरे मन में;
ताकि भूल जाऊँ न, वेदना रहे शयन में, स्वप्न में॥

चाहे जितना आवे हँसना, बजे जितनी घर में वंशी,
चाहे करूँ सजावट जितनी भी अच्छी अपने घर की;
तुम्हें न लाया जाना हुआ, रहे यह बात याद मन में।
ताकि भूल जाऊँ न, वेदना रहे शयन में, स्वप्न में॥

(यदि / तोमार देखा ना पाइ, प्रभु, एबार ए जीवने... ।)

12

लखता हूँ विरह तुम्हारा राजित अहरह भुवन-भुवन में;
शोभित है कितने ही रूपों में नभ-सागर गिरि-वन में।

रात-रात भर ताराओं में विद्यमान अनिमेष नयन;
पल्लव-दल श्रावन-वर्षण में विरह तुम्हारा दीपित है।

घर-घर कितने ही दर्दों में, प्रेम-वासनाओं में भी,
कितने ही सुख-दुःख-कर्मों में विरह तुम्हारा चर्चित है।

सारे जीवन को उदास कर कितने ही गानों में स्वर भर,
विरह तुम्हारा ही रह-रहकर मन में चिर अनुगुंजित है॥

(हेरि अहरह तोमारि विरह भुवने-भुवने राजे हे।)

13

जागे, हे प्रभु ! नेत्र तुम्हारे हित ये।
देख न पाए, पथ निहारते,
वह भी अच्छा मन में सतत लगे।

हृदय-द्वार पर,
बैठ धूल पर
भिक्षुक बन तव करुणा, प्रभु ! माँगे।

कृपा न पाते,
मात्र चाहते,
वह भी अच्छा मन में सतत लगे।

आज जगत में,
कितने सुख में तथा काम में
चले गए हैं सब-के-सब आगे।

मिले न साथी,
लखे तुम्हें ही,
वह भी अच्छा मन में सतत लगे।

सुधा चतुर्दिक्
पूर्ण विविध विध,
श्यामल व्याकुल प्रेमिल रूलवावे।

मिले न दर्शन,
व्यथा विवर्तन
वह भी अच्छा मन में सतत लगे॥

(प्रभु, तोमा लागि आँखि जागे... ।)

14

धन-जन से परिपूर्ण आज हूँ मैं,
फिर भी तुम्हें चाहता मन मेरा।
अन्तस्तल में तुम विराजते हो,
अन्तर्यामी ! मुझे जानते हो;
सुख-दुःख में सब भूला हूँ, तब भी–
तुम्हें चाहता रहता मन मेरा ॥

अहंकार मैं त्याग नहीं पाता,
सिर पर भार वहन करता-फिरता;
त्याग अगर पाता तो बच जाता।
तुम्हें चाहता रहता मन मेरा ॥

जो कुछ है मेरा, तुम वह सारा–
ले लोगे कब अपने हाथों में खुद ?
सब कुछ छोड़ तुम्हें पा जाऊँ जिससे।
चाह रहा है सतत तुम्हें मन मेरा ॥

(ध'ने ज'ने आछि ज'ड़ाये, हाय... ।)

15

यही तुम्हारा प्रेम, यही है हृदय-हरण !
पत्तों पर आलोक नाचता स्वर्णवरण !
वह जो आलसपूर्ण मेघ है नभतल में,
यह जो पवन देह पर करता अमृतक्षरण,
यही तुम्हारा प्रेम, यही है हृदय-हरण !

प्रातः प्रकाश में मेरे नयन बहे हैं,
यही, प्रेम की वाणी तव, प्राणों में है।
यही तुम्हारा प्रेम, यही है हृदय-हरण ॥

निखर रहा है आनन रुचिर तुम्हारा ही,
मुखमंडल पर मेरे गड़े नयन तव हैं।
आज हृदय ने मेरे तव छू लिये चरण।
यही तुम्हारा प्रेम, यही है हृदय-हरण ! ॥

(एइ तो तोमार प्रेम, ओ गो हृदय-हरण !)

16

मैं तो यहाँ रहा हूँ गाने को ही गीत तुम्हारा;
देना अपनी जगत-सभा में स्थान मुझे थोड़ा-सा।

मै न रहा हूँ किसी काम का, नाथ ! तुम्हारे भव में;
इस अकर्म के प्राण रहे बजते अपने ही स्वर में।

करूँ रात को नीरव मन्दिर में आराधन जब मैं,
आदेशित करना तब मुझको, हे राजन ! गाने को।

प्रातः जब झंकृत हो वीणा नभ में स्वर्णिम स्वर में,
दूर नहीं रह जाऊँ तब मैं, मिले मान इतना-सा॥

(आमि हेथाय थाकि शुधु गाइते तोमार गान।)

17

करो, भंग भय मेरा कर दो;
मुखड़ा मेरी ओर घुमाओ।
परख न पाता यद्यपि पास मैं,
हेरूँ क्या, किस ओर, भला, मैं ?
तुम हो मेरे हृदय-विहारी,
हँस-हँस मेरी ओर निहारो॥

करो बात, कुछ बोलो मुझसे,
स्पर्श तुम्हारा हो इस तन से;
दायाँ हाथ बढ़ाकर अपना–
रखो उठाए ही तुम मुझको॥

सही नहीं, जो बूझ रहा मैं,
खोज रहा जो, भूल खोज है;
हँसना मिथ्या, मिथ्या रोना,
सम्मुख होकर भूल मिटा दो॥

(दाव हे, आमार भय भेङे दाव।)

18

मेरे मन को इनने फिर से घेर लिया है।
पुनः आवरण का घेरा इन आँखों पर है॥

भाँति-भाँति की बातें फिर हैं जमी हुईं,
भ्रमित चित्त है मेरा कई दिशाओं में;
दाह उठा करता है फिर-फिर क्रम-क्रम से,
खो देते श्रीचरण पुनः ये मुझसे हैं॥

तव नीरव वाणी जो मेरे हृत्तल में,
डूब जाय मत लोगों के कोलाहल में।
सबके बीच रहो तुम मेरे साथ सदा,
मुझे छिपाए रखो निरन्तर अपने में;
रखो चेतना पर मेरी आलोक भरा—
यह उदार त्रिभुवन नियत चिरकाल किए॥

(आबार एरा घिरेछे मोर म'न।)

19

मुझसे मिलने हेतु, न जानें,
आते हो तुम कब से;
कहाँ तुम्हारे चन्द्र-सूर्य ये
तुम्हें रखेंगे ढँक के ?

कई बार ही सुबह-शाम है
पगध्वनि हुई तुम्हारी;
गोपन में इस हृदय-बीच है
दूत पुकार गया मुझको।

पथिक ! आज मेरे प्राणों में,
मानो, हो परिव्यापित–
विपुल हर्ष रह-रहकर जैसे
कम्पित हो-हो उठता।

मानो, आज समय आ पहुँचा,
काम समाप्त सभी हैं;
महाराज ! आता समीर है–
सौरभ लिये तुम्हारा॥

(आमार मिलन लागि तुमि आसछो क'बे थेके।)

20

यहाँ गीत जो गाने को मैं आया,
नहीं गीत वह मैं तो हूँ गा पाया;
आज तलक स्वर ही साधा है मैंने,
केवल कुछ गा लेना ही है चाहा।

स्वर थोड़ा भी सध न सका है मेरा,
वाक्यों में न शब्द अब तक बँध पाये;
गा पाने की व्याकुलता ही केवल
रही उभरती है प्राणों में मेरे।
खिला नहीं है फूल आज तक भी तो,
चलती रही हवा ही केवल अब तक।

देख न पाया हूँ मुखड़ा मैं उसका,
सुन न सका हूँ मैं तो उसकी वाणी;
पगध्वनि ही मैं पल-पल सुनता उसकी,
मेरे दर होकर वह आता-जाता।

मात्र बिछाने में ही आसन, मेरा–
चला गया है दिन सारे-का-सारा;
घर में दीपक जला नहीं मैं पाया,
भला, बुला पाऊँगा उसको कैसे ?
पाने की आशा लेकर हूँ बैठा,
पा न सका हूँ अब तक दर्शन उसके ॥

(हेथा / जे गान गाइते आसा आमार... ।)

21

जो खो जाय उसे पाने की आशा में
बैठा कब तक और रहूँ ?
और नहीं, हे नाथ ! रात-भर चिन्ता में
जागा मैं रह सकता हूँ।
रात्रि-दिवस मैं हूँ अब तक
द्वार बन्द कर पड़ा हुआ;
आना जो चाहे उस पर सन्देह किए
भगा दिया मैं करता हूँ॥

नहीं किसी का आना होता इसीलिए
मेरे एकाकी घर में;
भुवन तुम्हारा मोद-भरा करता रहता–
खेला (अविरत) बाहर में।
पथ मिलता न तुम्हें भी ज्यों,
आ-आकर फिर जाते हो;
जिसे चाहता हूँ मैं रखना वह भी तो
रहता न, धूल हो जाता है॥

(जा / हारिये जाय ता आगले ब' से... ।)

22

मलिन वसन यह त्याग डालना होगा अब तो,
अजी ! त्याग त्यागना ही होगा।
धूमिल है यह अहंकार से मेरे,
धूल धूसरित दिन के कामों से;
दागदार है इतने दागों से,
हुआ तप्त इतना ज्यादा जिससे–
भार वहन करना है कठिन हुआ।
धूमिल इतना अहंकार मेरा ॥
काम समाप्त हुए अब दिवसावसान में,
हुआ समय उनके आने का, आशा मन में।
चलो, स्नान कर अब तो आना है;
वसन प्रेम का धारण करना है।
सान्ध्य विपिन के कुसुम तोड़कर
(चलो, चलो अब) हार गूँथना है।
आओ, जी ! आ जाओ अब तो
समय नहीं है ॥

(एइ मलिन वस्त्र छाड़ते ह'बे, ह'बे गो एइ बार।)

23

जगी पुलक है मेरे मन में,
नयनों में घनघोर;
किसने मेरे उर में बाँधी
है राखी की डोर ?

आज यहाँ इस नभतल में,
जल, थल, फूल और फल में,
कैसे-कैसे लुभा रखा है तुमने
मनोहरण मन मोर !

कैसा खेला हुआ तुम्हारे साथ आज है,
पाया, मन में सोच नहीं पाया था जैसा।
आनन्द आज किस छल से,
चाहे बहना दृग-जल से !
किया विरह ने आज मधुर हो
प्राणों को है भोर॥

(गाये आमार पुलक लागे, चोखे घ'नाय घोर।)

24

आज रखो मत, हे प्रभु ! अपना
दायाँ हाथ छिपाये;
आया हूँ, हे नाथ ! तुम्हें मैं
पहनाने को राखी।
बाँध सकूँ यदि हाथ तुम्हारे,
बँध जाऊँगा साथ सभी के;
जहाँ कहीं जो होगा, कोई–
भी न रहेगा बाक़ी॥

अपने और पराये का कुछ
भेद नहीं रह जाए;
तुम्हें एक ही लख पाऊँ मैं
घर-बाहर में जैसे।
तुमसे बिछुड़े इधर-उधर जो
रोते फिरते हैं दुःखित हो,
तुम्हें पुकारूँ करने को वह दुःख–
दूर तनिक क्षण भी॥

(प्रभु, आजि तोमार दक्षिण हात रेखो ना ढाकि।)

25

मिला जगत-आनन्द-यज्ञ में
मुझको है आमन्त्रण;
धन्य-धन्य हो गया आज यह
मेरा मानव - जीवन।
साध मिटाती फिरतीं मेरी आँखें
रूप-नगर में।
श्रवण मगन रहते हैं मेरे किसी
गम्भीर स्वर में॥

भार मिला है मुझे यज्ञ में
मैं बाँसुरी बजाऊँ;
हास्य-रुदन अपने प्राणों का
गायन में भर लाऊँ।
हुआ समय, क्या तुम्हें सभा में
जाकर मैं लख पाऊँ ?
यही निवेदन है मेरा–
जयगान सुना मैं आऊँ॥

(जगते आनन्द यज्ञे आमार निमन्त्रण... ।)

26

अलोकित करते प्रकाश को
आलाकों के आलोक पधारे;
अन्धकार आ करके उसमें
मिला, मिला नयनों से मेरे।
पूर्ण गगन, सम्पूर्ण धरा,
अग जग है आनन्द-भरा;
अच्छे-ही-अच्छे लगते सब
नयन जिधर हैं पड़ते मेरे॥

तरु-पत्रों पर नर्त्तन करते
तव प्रकाश से प्राण विलोड़ित;
नीड़ों में है तव प्रकाश से
खगरव पल-पल मधुर जागरित।
तव प्रकाश है प्रेम सँजोए
पड़ा देह पर मेरी आके;
फेरे हैं, फेरे जिसने निज—
निर्मल हाथ हृदय पर मेरे॥

(आलोय आलोकमय क'रे हे एले आलोर आलो।)

27

आसन के नीचे की मिट्टी में मैं ढँका रहूँगा;
धूल-धूसरित तव चरणों की रज में पड़ा रहूँगा।
मान दिये यों दूर किए क्यों
रखते हो तुम मुझको ?
भूल न जाना इस प्रकार तुम
जीवन-भर को मुझको !
दो न मुझे सम्मान भले, तव चरण तले रह लूँगा।
धूल-धूसरित तव चरणों की रज में पड़ा रहूँगा॥

रह लूँगा मैं सतत तुम्हारे यात्रीदल के पीछे;
स्थान तनिक दे देना कृपया मुझे सभी के नीचे।
दौड़े आते हैं प्रसाद के
हेतु लोग कितने ही;
मैं तो कुछ भी चाहूँगा न,
रहूँगा सब लखते ही
शेष रहेगा जितना ही, मैं उतना ही ले लूँगा।
धूल-धूसरित तव चरणों की रज में पड़ा रहूँगा॥

(आसन त'लेर माटिर' परे लुकिये र'बो।)

28

रूप-जलधि में दी है मैंने डुबकी,
आस लगाए हुए अरुप-रतन की;
घाट-घाट पर भटका अब न करूँगा,
(कहीं) डुबोता अपनी यह जीर्ण तरी।
अबकी बार समय जब भी आवेगा,
लहरों की टकराहट से बचने का,
सुधा-स्नात हो जाऊँगा मैं, फिर तो—
मृत्यु-प्राप्त होकर भी अमर रहूँगा।

गान कान से सुना नहीं जो जाता,
नित्य हुआ करता है वह गान जहाँ;
उसी अतल की सभा बीच मैं अपने
प्राणों की वीणा लेकर पहुँचूँगा।
चिर दिन के स्वर को बाँधे जब उसके
शेष गान में रोदन उसका उभरे,
जो नीरव है उसके चरणों पर मैं
अपनी नीरव वीणा यह रख दूँगा॥

(रूप-सागरे डूब दियेछि, अरुप-रतन आशा क'रि।)

29

यहीं हमारे घर में उनने डेरा अपना डाला है;
आसन उनका मन से, भाई ! अच्छी तरह लगा तो दो।
गाना गाते हुए खुशी से झाड़ धूल-धुक्कड़ सब दो;
जो भी हो आवर्जन, सबको दूर यत्न से कर डालो !
जल के छींटे दे फूलों को साजी में भर कर रख लो;
आसन उनका मन से, भाई ! अच्छी तरह लगा डालो ॥

वास यहाँ दिन-रात हमारे घर में उनका रहता है;
हास उन्हीं का तो प्रभात में नव प्रकाश बिखराता है।
ताकि सबेरा होते ही हम जाग जाएँ आँखें खोले;
निरख रहे हैं खुश होकर वे, दिख पड़ता तो हम-सब को !
उनकी ही खुशियाली से यह भरा हुआ घर सारा है;
हास उन्हीं का तो प्रभात में नव प्रकाश बिखराता है ॥

यहाँ हमारे घर में वे एकाकी बैठे रहते हैं;
चाहे किसी काम से हम-सब चले कहीं भी जाते हैं
दरवाजे के पास हमें वे आगे करके जाते हैं।
मन के सुख से हम-सब पथ पर आगे बढ़ते जाते हैं।
दिवस-शेष में जब हम अपने घर को वापस आते हैं,
तभी अकेले घर में बैठे देख उन्हें हम पाते हैं।

यहाँ हमारे घर में वे तो बैठे जागे रहते हैं;
जब हम अपनी शय्याओं पर विस्मृत सोये रहते हैं।।

जग में कोई देख न पाता छिपी हुई बाती उनकी;
ओट किए आँचल से जो है सारी रात जला करती।
सोये में कितने ही सपने आते-जाते रहते हैं;
अन्धकार में यहाँ हमारे घर में वे तो हँसते हैं॥

(हेथाय तिनि कोल पेतेछेन आमादेर एइ घ'रे।)

30

निभृत प्राण के देवता, जहाँ अकेले जागते,
भ्ज़क्त ! खोल दो द्वार, करूँगा दर्शन मैं उनके !
दिन-भर बाहर-बाहर ही
किसे ढूँढ़ते फिरते हो ?
सान्ध्यकाल की आरती करना हमें नहीं आया।

तव जीवन-आलोक से जला दीपक जीवन का,
आज, पुजारी ! निभृत क्षण में सजा लूँ अपनी थाल।
जहाँ निखिल की साधना
करे पुजापा की रचना;
वहाँ धरूँगा मैं भी अपनी ज्योति-रेखा॥

(निभृत प्राणेर देवता जेखाने जागेन एका।)

31

किस प्रकाश से जला प्राण का
दीप धरा पर आते हो तुम ?
हे साधक, हे प्रेमिक, हे विक्षिप्त !
धरती पर आते हो तुम।
इस अकूल संसार में
दुखाघात तव प्राणों में वीणा झंकारे;
घोर विपत् के बीच भी
किस जननी के मुख की हँसी देख तुम हँसते ?

तुम किसके सन्धान में
सभी दुखों पर आग लगाए फिरते हो यों ?
ऐसा व्याकुल करके
कौन रुलाए तुम्हें कि जिससे प्यार तुम्हें है ?

चिन्ता तुम्हें न कुछ भी,
कौन तुम्हारा साथी है, मैं सोचा करता;
मरण तक को तुम भूले,
किस अनन्त प्राण-उदधि में रहते हो बहते ?

(कोन् आलोते प्राणेर प्रदीप ज्वालिये तुमि धराय आसो ?)

32

"तुम मेरे अपने हो, मेरे ही समीप हो"–
कहने दो यह बात मुझे तुम, कह लेने दो;
"तुम में मेरे जीवन के आनन्द सभी हैं"–
कहने दो यह बात मुझे तुम, कह लेने दो।

मुझे सुधामय स्वर-सुर दो,
मेरी वाणी मधुर करो;
हे मेरे प्रियतम ! यह अपनी–
बात बोलने दो मुझको तुम, कह लेने दो।

यह समस्त आकाश-धरा,
तुमसे ही यह भुवन भरा;
मुझे हृदय से कहने दो यह, कह लेने दो।

दुःखी समझ समीप आओ,
छोटा समझ प्यार निज दो;
अपने छोटे मुँह से मुझको यह कहने दो।
कहने दो यह बात मुझे तुम, कह लेने दो॥

(तुमि आमार आपन, तुमि आछो आमार काछे।)

33

लो उतार तुम, लो उतार निज पदतल पर मुझको;
विगलित कर मन जीवन को दो डुबो नयन-जल में।
मैं एकाकी अहंकार के उच्च शिखर पर हूँ,
मिला धूल में दो भंग कर इस प्रस्तर-आसन को।
लो उतार तुम, लो उतार निज पदतल पर मुझको॥

गर्व करूँगा क्या लेकर मैं नश्वर जीवन में?
बना हुआ हूँ शून्य तुम्हारे बिना भरे घर में।
मेरा दैनिक कर्म अतल में डूब गया जब है,
मेरी सन्ध्या-पूजा निष्फल चली नहीं जाए।
लो उतार तुम, लो उतार निज पदतल पर मुझको॥

(नामाव, नामाव आमाय तोमार चरण त'ले।)

34

अपने सिंहासन से नीचे उतरे
आकर मेरे घर के दरवाजे के
पास, नाथ ! तुम खड़े हुए, कुछ ठहरे।
मैं बैठा एकाकी मन-ही-मन था,
मगन गीत गाने में अपना कोई;
पड़ा तुम्हारे कानों में स्वर इसका–
जैसे ही, तुम उतर पड़े झट नीचे।
आकर मेरे घर के दरवाजे के–
पास, नाथ ! तुम खड़े हुए, कुछ ठहरे॥

नाथ ! तुम्हारी सभा बीच कितने ही
होते गायन, गुणी अनेक वहाँ हैं;
गायन इस गुणहीन व्यक्ति का, फिर भी–
पड़ा, प्रेम के कारण, तुम्हें सुनाई।
एक करुण स्वर मिला विश्व के स्वर में
लेकर वरण-हार तुम कर में उतरे;
आकर मेरे घर के दरवाजे के–
पास, नाथ ! तुम खड़े हुए, कुछ ठहरे॥

(तव सिंहासनेर आसन ह'ते एले तुमि नेमे।)

35

अपना लो इस बार मुझे,
हे नाथ ! मुझे अपना लो;
लौट नहीं जाना अबकी तुम,
हृदय खोल अपना लो।
जो दिन बीते बिना तुम्हारे,
नहीं चाहता आवें फिर वे,
मिल जाएँ वे धूल में।
अर्पित कर मैं जीवन अहरह
तव प्रकाश में जगा रहूँ॥

जानें, किसकी बातों पर मैं
रहा भटकता वन-प्रान्तर में–
इधर-उधर चिर आवेशित हो !
अब मेरे अन्तस्तल के ढिग
मुख अपना रख करके अपनी–
बात मुझे सब कह डालो॥

कितने कलुष, न जानें, कितनी
छलनाएँ हैं अब भी मन में !
मुझे न उनके हेतु फिराओ,
उन्हें आग में दे डालो॥

(तुमि/एबार आमाय ल'हो, हे नाथ ! ल'हो!)

36

सूख जाय जब जीवन, करुणा-धारा बन तुम आना;
चूक जाय जब सकल माधुरी, गीत-सुधा बन आना।

धरे प्रबल आकार कर्म जब, ढँक ले चतुर्दिशाएँ;
हृदय-प्रान्त में नीरव, प्रभु ! तुम शान्त चरण धर आना।

अपने को जब कृपण बनाए कोने में मन पड़ा रहे;
द्वार खोलकर, हे उदार ! तब राज-समारोह-सा आना।

अब अबोध को विपुल धूल से भुला वासना रख ले;
हे पवित्र ! तब, हे अनिन्द्र ! तुम रुद्र-प्रकाश-सा आना॥

(जीवन लखन शुकाये जाय करुणाधाराय एसो।)

37

अब नीरव कर डालो अपने
अहे ! मुखर इस कवि को;
हृदय बाँसुरी लो निकाल तुम–
इसकी, स्वयं बजाओ।

इस निशीथ के निविड़ तिमिर में
गहन तान वंशी में भर दो;
ग्रह-शशि के उस सधन तान से
अति अवाक् कर दो।

जो कुछ मुझमें जड़ा हुआ है
जीवन और मरण में;
गायन के स्वर से जुड़ जाए
आ तव युगल चरण में।

विगत दिनों की बातें सारी
निमिष मात्र में ही दह जाएँ;
बैठ अकेला सुनूँ बाँसुरी
मैं चिर अकुल तिमिर में॥

(एबार / नीरव क'रे दाव हे तोमार मुखर कवि रे।)

38

निद्रामग्न विश्व जब सारा,
अन्धकार जब नभ में,
भर जाता झंकार कौन मम—
वीणा के तारों में ?
नयनों से निद्रा निकाल ली,
छोड़ बिछावन मैं उठ बैठूँ;
आँखें खोल निहारूँ, फिर भी
देख न उसको पाऊँ !

प्राण उठा करते हैं मेरे
बार-बार हो कम्पित;
जानें, कौन विपुल वाणी वह
तिरती व्याकुल सुर में।
क्या जानें, वह व्यथा कौन है,
अश्रुभरित यह मन है जिसमें;
अपना कंठहार मैं किसको
पहना देना चाहूँ ?

(विश्व जखन निद्रामग्न, गगन अन्धकार... ।)

39

पगध्वनि उसकी सुनी नहीं क्या तुमने ?
आता है वह, आता है, आता है।
युग-युग, पल-पल, निशि-वासर चिर दिन ही
आता है वह, आता है, आता है।

गान किए हैं जब भी मैंने जितने,
पागल-जैसे जब भी मन में अपने;
आगमनी उसकी ही सब में बजती।
आता है वह, आता है, आता है।

जानें, कब-कब फागुन में वन-पथ पर,
आता है वह, आता है, आता है;
श्रावन-तम में कितने ही घन-रथ पर,
आता है वह, आता है, आता है।

दुःख-पर-दुःख ही रहें जहाँ जितने भी,
पदरव लगता उर पर है उसका ही;
फिरा परशमणि देता है वह सुख में !
आता है वह, आता है, आता है॥

(तोरा शुनिस नि कि, शुनिस नि, तार पायेर ध्वनि ?)

40

मानी मैंने हार, मान अब ली है।
तुम्हें ठेलने गया जहाँ मैं जितना,
उतनी ही क्षति मैंने अपनी की है॥

मेरे चित्त-गगन से तुम्हें ढँके जो रक्खें,
किसी भाँति वह हो न सकेगा, मैंने–
बार-बार यह बात जान रक्खी है।

वह अतीत जीवन, छाया के जैसा,
पीछे-पीछे चलता ही रहता है;
कितने ही माया-वंशी के स्वर में
मुझको व्यर्थ बुलाता ही रहता है।

छूटा उसका साथ है, पड़ा तुम्हारे हाथ में;
जो–कुछ भी है इस जीवन में मेरे,
लाए सभी तुम्हारे ही द्वारा हैं॥

(मेनेछि, हार मेनेछि... ।)

41

एक-एक कर अपने तार पुराने खोलो।
नए सिरे से अब सितार का साज सजा लो॥
टूट चुका है दिन का मेला,
सभा लगेगी सन्ध्या बेला;
अन्तिम राग बजावेगा जो, हुआ समय उसके आने का।
नए सिरे से अब सितार का साज सजा लो॥

द्वार खोल दो अपना नभ के अन्धकार में;
सप्त लोक की नीरवता आवे तव घर में।
इतने दिन जिनने गाए हैं गान,
आज उन्हीं से हो उनका अवसान।
यही मन्त्र जो यन्त्र तुम्हारा है, यह भूलो।
नए सिरे से अब सितार का साज सजा लो॥

(एकटि-एकटि क'रे तोमार पुरानो तार खोलो।)

42

कब मैं आया बाहर गाता गीत तुम्हारा ही;
नहीं आज की बात, नहीं यह बात आज की है !
भूल गया हूँ, कब से तुमको
रहा ताकता मैं;
नहीं आज की बात, नहीं यह बात आज की है ॥

निर्झर जैसे बाहर आता,
नहीं जानता, किसे चाहता;
वैसे ही मैं धावे आया—
साथ लिये जीवन की धारा।
नहीं आज की बात, नहीं यह बात आज की है ॥

कितने ही नामों से टेरे,
कितने ही हैं चित्र उँकेरे,
चला किया हूँ किस उमंग से
नहीं ठिकाना उसका कोई
नहीं आज की बात, नहीं यह बात आज की है ॥

जैसे पुष्प प्रकाश हेतु है
रात काट लेता अनजाने;
वैसे ही यह हृदय तुम्हारे
हेतु लगा रहता है।
नहीं आज की बात, नहीं यह बात आज की है ॥

(कबे आमि बाहिर ह'लेम, तोमारेइ गान गेये... ।)

43

प्रेम वहन कर सकूँ तुम्हारा,
ऐसी शक्ति नहीं है;
इस जगती में बात तुम्हारे–
मेरे बीच यही है।

नाथ ! कई व्यवधान रखे हैं
यहाँ कृपाकर तुमने;
सुख-दुःख-धन-जन मान, न जानें,
बेड़े हैं ये कितने !
दर्शन का आभास ओट से
यदा-कदा तुम देते;
श्यामल घन के अन्तराल से
छिटके रवि-कर जैसे ॥
शक्ति, वहन करने को देते
प्रेम-भार तुम जिसको,
उसका सारा परदा बिलकुल
हटा दिया करते हो।
आड़ न उसके घर की रखते,
और न उसके धन की;
लाकर पथ पर कर देते हो
उसे अकिंचन् सच ही।
उसे मान-अपमान न लज्जा
या भय ही रह जाता;
एक तुम्हीं रह जाते उसके
विश्व-भवनमय सारा।

ऐसा ही आमने-सामने
सतत तुम्हारा रहना;
मात्र तुम्हीं से प्राण सर्वदा
पूर्ण किए है रखना।
मिली दया यह जिसको, उसके—
नहीं लोभ की सीमा;
तुम्हें ठाँव देने को अपना
त्याग लोभ दे सारा॥

(तोमार प्रेम जे बइते पारि, एमन साध्य नाइ।)

44

सुन्दर ! आज पधारे थे तुम प्रातः,
अरुण वरण का पारिजात ले कर में।

निद्रित पुरी, न पथ पर था कोई राही;
चले गए तुम स्वर्णिम रथ पर एकाकी;
मेरी खिड़की के समीप कुछ रुककर—
झाँक लिया था तुमने करुण नयन से।

स्वप्न भरा था मेरा किस सौरभ से !
घर का तम था अति प्रसन्न हो कम्पित;
पड़ी धूल में नीरव वीणा मेरी—
हो उठी अनाहत ही थी तब स्पन्दित।

कई बार चाहा था—मैं उठ बैठूँ,
और त्याग आलस पथ पर जा पहुँचूँ;
किन्तु, उठा जब तब तुम चले गए थे।
लगता है, तव दर्शन पुनः न होंगे

सुन्दर ! आज पधारे थे तुम प्रातः,
अरुण वरण का पारिजात ले कर में॥

(सुन्दर, तुमि एसेछिले आज प्राते... ।)

45

जब था मेरा खेल तुम्हारे साथ,
कौन जानता था तब तुम हो कौन ?
भय था कुछ भी नहीं, न मन में लाज,
रहा न करता था जीवन जब शान्त।
सुबह-सुबह तुम करते रहे पुकार,
मेरे अपने सखा सरिस हर बार;
हँसते-हँसते सदा तुम्हारे साथ
घूमा करता था मैं वन-पथ-प्रान्त ॥

तब तुम गाया करते थे जो गीत,
कौन जानता था तब उसका अर्थ ?
मात्र साथ थे गाते मेरे प्राण,
नाचा करता था यह हृदय अशान्त।
खेल खत्म हो चुके सभी जब आज,
देख रहा हूँ मैं तो दृश्य हठात्,
रवि-शशि नीरव और स्तब्ध आकाश—
घूम रहे तव चरण-तले नतशीश !
स्तम्भित आज भुवन एकान्त ॥

(आमार खेला जखन छिलो तोमार सने... ।)

46

तरी खोल दी उसने, यह लो,
कौन तुम्हारा बोझ उठावे ?

अजी ! सामने जब जाओ तो
कुछ भी पड़ा रहे मत पीछे;
उसे पीठ पर ले चलने में
रहे कूल पर तुम एकाकी।

घर का बोझ उठाए तुमने
डाल दिया उस पार घाट पर;
तुम्हें इसी से आवाजाही—
करना फिर-फिर पड़ा, न भूलो।

अजी ! पुकारो अब माँझी को,
भले, बोझ बह जाय तुम्हारा;
अब उजाड़कर जीवन अपना—
सौंप चरणतल पर दो उसके॥

(ओइ रे, त'री दिलो खुले... ।)

47

मौन भंग कर बात न अपनी कहो अगर तो,
कर लूँगा तव नीरवता मैं वहन वक्ष-भर।

स्तब्ध हुआ मैं पड़ा रहूँगा रजनी जैसे–
ताराओं को जला रहा करती है धैर्य धरे।

होगा प्रातःकाल, अँधेरा छँट जाएगा;
फूटेगी तव स्वर्णिम वाणी नभ को फाड़े।

जाग उठेगा तब मेरे खग के खोते में,
गीत तुम्हारी भाषा में, तब जिसके स्वर से–
फूल खिला देगी मेरी वनलता नहीं क्या ?

(ओ गो मौन, ना यदि कओ नाइ कहिले कथा।)

48

जब-जब करना चाहा प्रकाश मैंने,
बार-बार बुझ जाता दीप रहा है !
मेरे जीवन में चिर दिन तव आसन
गहन अँधेरे में ही रहा किया है !

सूख गया हो मूल लता का जब जो,
लगती कली न फूल कभी खिलता है;
मेरे जीवन में होती तव सेवा—
मात्र वेदनाओं के उपहारों से ॥

पूजा का गौरव या विभव पुण्य का,
लेश मात्र भी नहीं कभी मिल पाता;
दीन वेश लज्जा का धारण करके
आया यहाँ पुजारी आज तुम्हारा।

उत्सव में न पधारा उसका कोई,
बजी नहीं बाँसुरी, न गेह सजग है;
जीर्ण-शीर्ण दरवाजे पर मन्दिर के
क्रन्दन करते इसने तुम्हें बुलाया है ॥

(ज'त' बार आलो ज्वालाते चाइ, निबे जाय बारे-बारे।)

49

सबसे आड़ किए रख सकूँ तुम्हें मैं,
वैसा पूजा-स्थान कहाँ इस घर में?
अगर अहर्निश मुझको
यहाँ साथ सब ही के
करके कृपा पकड़ में आओ,
पकड़े रखूँ तुम्हें मैं।

मान तुम्हें दूँ, मैं कब वैसा मानी ?
पूजा करूँ तुम्हारी कैसे, स्वामी !
अगर प्यार हो तुम से
स्वतः बजेगी वंशी,
स्वतः फूल खिल आएँगे तब,
हे प्रिय ! कानन में॥

(स'बा ह'ते राखबो तोमाय आड़ाल क'रे... ।)

50

बजती तव बाँसुरी ब्रज में,
वह क्या कोई सहज गान है !
जाग सकूँ मैं उसके स्वर से
ऐसा कोई श्रवण मुझे दो !
भूलूँ नहीं सहज ही में मैं,
मत्त हृदय हो उसी प्राण में;
मृत्यु बीच चिर ढँका हुआ है
अन्तहीन जो प्राण।

सह लूँ झड़ी खुशी से वह मैं
निज मन-वीणा के तारों में;
दसों दिशाओं, सप्त सिन्धु को
नचा रहे हो जिस झंकार से;
करके विश्राम-विरत मुझको
उसी गम्भीर नाद में ले लो,
जहाँ अशान्ति के भीतर प्राप्त
हो महानतम शान्ति ॥

(बज्रे तोमार बाजे बाँशि, से कि सहज गान ?)

51

तुम्हें दया कर धोना होगा जीवन मेरा;
छू पाऊँगा नहीं, अन्यथा, चरण तुम्हारे।

पूजा की डाली देने में—
तुम्हें, उभर आती है कालिख;
अपने प्राण न रख पाता हूँ
तभी तुम्हारे चरणों पर मैं।

अब तक कोई व्यथा नहीं थी मुझको अपनी,
अंग-अंग में सिर्फ मलिनता जमी हुई थी;

आज उसी शुचि क्रोड़ हेतु यह
व्याकुल हृदय रुदन करता है;
नहीं पड़ा अब रहने देना
मुझे धूल पर ही॥

(दया दिये ह'बे गो मोर जीवन धुते।)

52

सभा भंग जब होगी तब क्या
शेष गान मैं गा जाऊँगा ?
हो सकता है, कंठहीन हो
रहूँ ताकता तव मुख को मैं।

अब भी तो स्वर सधा नहीं है,
बज पाएगा राग वही क्या ?
प्रेम-व्यथा तव स्वर्णिम स्वर में
सान्ध्य गगन क्या फेंक न देगा ?

अब तक स्वर जो साधा मैंने
दिवा-रात्रि मन-ही-मन अपने,
अगर भाग्य से वही साधना
हो जाए समाप्त जीवन में;

वाणी तव इस जन्म-काल की
पद्‌म सभी इस मानस-वन के
विश्व-गीत की धारा होकर
बहा शेष-सागर में दूँगा ॥

(सभा जखन भाङ्‌बे तखन, शेषेर गान कि जाबो गेये ?)

53

सुचिर जन्म की वेदना,
चिर जीवन की साधना;
धधक उठे अब आग तुम्हारी;
दुर्बल समझ कृपा मत करना।
ताप सहन करना है मुझको,
क्षार-क्षार हो वासना।

दो, अचूक आवाज मुझे दो,
अब न विलम्ब बेकार और हो;
जुड़े वक्ष से जो हैं बन्धन,
गिरें टूटकर वे सब पीछें
घोर शब्द कर शंख तुम्हारा–
आज ध्वनित हो उठे शीघ्रतर;
टूटे गर्व, नींद अब छूटे,
जागे सत्वर चेतना॥

(चिर जनमेर वेदना, ओ हे, चिर जीवनेर साधना... ।)

54

गाने को जब कहते हो तुम मुझको,
गर्वित हो उठती है छाती मेरी;
हो जाती हैं छलछल दोनों आँखें,
क्षण-विस्मृत अवलोक तुम्हारे मुख को।

कटु-कठोर जो प्राणों में हैं मेरे
अमृत-गान से गल जाने को होते;
सकल साधना-अर्चाएँ तब मेरी
उड़ा चाहती हैं पक्षीवत् सुख से !

होती तृप्ति तुम्हें मेरे गायन से,
अच्छा लगता तुम्हें गीत है मेरा;
ज्ञात मुझे है—गायन के ही बल पर
बैठ तुम्हारे सम्मुख मैं हूँ पाता।

मन के द्वारा बोध न होता जिसका,
छू लेता वह चरण गीत द्वारा मैं;
भूल स्वयं को, निज स्वर को मैं जाता,
प्रभु को अपना बन्धु तभी कह पाता॥

(तुमि जखन गान गाहिते ब'लो, गर्व आमार भ'रे उठे बुके।)

55

धावे मेरा पूर्ण प्रेम जैसे
प्रभु ! पास तुम्हारे, पास तुम्हारे;
पड़ें सभी ज्यों आशाएँ मेरी
प्रभु ! तव कानों में, तव कानों में।

जहाँ कहीं भी रहे चित्त मेरा
सुनकर तव आह्वान हुँकारी भरे;
बाधाएँ हो जाएँ दूर जैसे
प्रभु ! तव तानों से, तव तानों से।

बाहर की यह भीख-भरी थाली
हो जाए अब बिलकुल ही खाली;
गोपन में भर जाय हृदय मेरा
प्रभु ! तव दानों से, तव दानों से।

हे मम बन्धु ! अहे मम अन्तरतर !
इस जीवन में जो-कुछ हों सुन्दर;
ध्वनित आज हो उठें सभी सस्वर,
प्रभु ! तव गानों में, तव गानों में॥

(धाय जेनो मोर सकल भालोबासा... ।)

56

पथ-कर वे वसूलते हैं ले-लेकर नाम तुम्हारा;
पर, न घाट पर पार उतरने को कुछ भी रह पाता।
काम तुम्हारा समझ-बूझ वे
नष्ट प्राण-धन करते;
जो सामान्य रहा करता है
मेरा वे अपहरते॥

छद्मवेशधारियों को पहचान गया हूँ मैं;
जान रखा है उन सबने भी शक्तिहीन-सा मुझको।
त्याग दिया है उनने—
अपना गोपन रूप इसी से;
शेष नहीं रह गई उन्हें हैं—
लज्जा-शर्म किसी से।
आज खड़े हैं सिर ऊँचाकर
पथ अवरुद्ध किए वे॥

(तारा तोमार नामे बाटेर माझे मासुल ल'य जे ध'रि।)

57

प्राण जागते मेरे इस चाँदनी रात में;
स्थान तुम्हारा होगा क्या इस आस-पास में ?
देख सकूँ जिससे मैं उस अपूर्व मुख को,
सतत ताकते रहे हृदय उत्सुक जिसको;
बार-बार तव चरणों पर घिरते-फिरते
अश्रुपूर्ण मम गायन रहा करे तिरते।

साहस कर मैं नहीं तुम्हारे चरणों पर—
अपने को कर सका आज तक भी अर्पित;
पड़ा हुआ हूँ मिट्टी पर रख मुख अपना,
पीछे को दो फिरा दान तुम यह मेरा !

हाथ पकड़ करके मेरा यदि स्वयं मुझे—
कहो खड़ा हो जाने को आ पास यहाँ,
तो इन प्राणों की असीम दरिद्रता का
अन्त निमिष में ही निश्चय हो जाएगा॥

(एइ ज्योत्स्ना राते जागे आमार प्राण।)

58

बात थी कि हम दोनों एक तरी पर ही
चले चलेंगे बहते हुए अकारण ही;
कोई समझेगा न—तीर्थगामी हम हैं,
जानेगा भी नहीं कि हम जा रहे कहाँ !
कूलहीन सागर में कान तुम्हारे
सुना करेंगे स्वर्णिम गान अकेले—
हँसते हुए; तरंगों-सी ही मेरी—
भाषा-बन्धनरहित रागिनी नीरव।

समय हुआ है नहीं आज भी क्या उसका ?
सागर-तट पर घिरती आती है सन्ध्या;
पंख खोल मद्धिम प्रकाश में हैं अपने
नीड़ों में खग सिन्धु पार के फिर आए !
आओगे तुम यहाँ घाट पर कब—
काट डालने को बन्धन सारे ?
अस्ताचलमुखी शेष रवि-कर-सी
तरी चलेगी निरुद्देश निशि में॥

(क'था छिलो एक-त'री ते केवल तुमि-आमि... ।)

59

अपने निर्जन घर की तोड़ रुकावट
इस विशाल भव में,
बाहर हो पाना प्राणों के रथ पर
कब सम्भव होगा ?
बीच सभी के प्रबल प्रेम में
धाऊँ मैं सारे कर्मों में;

मिलन तुम्हारे साथ हाट के पथ पर
कब मेरा होगा ?
बाहर हो पाना प्राणों के रथ पर
कब सम्भव होगा ?

आशा-आकांक्षापूर्ण दुःख-सुख में
इस जीवन-क्रम में;
कूद पड़ूँगा धर लेने को निज पर
लहर-पात उसका !
भले-बुरे के धात-वेग में
जाग पड़ूँगा तव वक्षस् पर;
सुना करूँगा वाणी विश्वजनों के
गुंजित कलरव में।
बाहर हो पाना प्राणों के रथ पर
कब सम्भव होगा ?

(आमार / एकला घ'रेर आड़ाल भेङे विशाल भ'वे... ।)

60

अब न अकेला इस प्रकार मैं विचरूँगा
मन के मोह-सदन के कोने-कोने में।
तुम्हें अकेला बाँधे भुज-बन्धन में,
छोटा करके तुम्हें घेर लेने में,
अपने को मैं बाँध लिया करता हूँ
अपनी ही रज्जू में!

पाऊँगा जब निखिल भुवन के बीच तुम्हें,
तभी हृदय में हृदय-राज को पाऊँगा।
मन मेरा यह एक वृन्त है केवल,
इसके ऊपर विश्व-कमल औ' उस पर–
पूर्ण प्रकाश प्रसारित मुझे दिखाओ :
हे प्रभु! इस जीवन में॥

(एका आमि फिरबो ना आर एमन क' रे।)

61

चाहता हूँ मैं तुम्हें चिर,
चाहता हूँ मैं तुम्हें;
कह सकूँ यह बात जैसे
सर्वदा मन में स्वयं।
वासनाएँ ये मुझे, जो
रात-दिन भटका रही हैं,
हैं न सच, मिथ्या सभी हैं।
चाहता हूँ मैं तुम्हें॥

रात रहती है छिपाए
ज्यों उजाले की विनय पर,
मोह में गम्भीर त्यों ही
चाहता हूँ मैं तुम्हें।

शान्ति को हनती झड़ी है,
चाहती, पर, शान्ति उसको;
घात तुम पर नित किए भी,
चाहता हूँ मैं तुम्हें॥

(चाइ गो आमि, तोमारे चाइ,... ।)

62

न तो मेरा प्रेम भीरु ही है
या न हीन बल ही है;
क्या यह केवल व्याकुल हो नित
आँसू अपने ढाले ?
मन्द-मधुर सुख-शोभा में,
क्यों दूँ प्रेम डुबो शय[1] में ?
जागूँ साथ तुम्हारे ही मैं—
हो प्रमोद-पागल।

करते हो जब नृत्य चंड[2]
तब ताल तीव्र होता;
भय-लज्जा से विह्वल हो
सन्देह भाग जाता।

उसी प्रचंड मनोहर को
कर ले वरण प्रेम मेरा;
क्षुद्र आस-स्वर[3] ज्यों उसका
जाए चला रसातल॥

1. शय—शयन, 2. चंड—प्रचंड, 3. स्वर्—स्वः (स्वर्ग)

(आमार ए प्रेम नय तो भीरु, नय तो हीनबल।)

63

और सहो मेरा प्रहार तुम,
मेरा भी सहन करो;
और कठिन सुर में जीवन के
तारों को झंकारो।
राग जगाते जो प्राणों में
बजते नहीं चरम तानों में;
निठुर मूर्च्छना से गायन में
मूर्ति (स्वयं) संचारो॥

लगे केवल कोमल करुणा
जैसे मेरे मन में;
मृदुल सुरों के खेल-खेल में
प्राण विकल ये मत हों।
सकल अग्नि प्रज्ज्वलित शीघ्र हो,
गर्जन अब कर उठे प्रभंजन;
त्वरित जगाए पूरे नभ में
पूरणता विस्तारो॥

(आरो आघात सइबे आमार, सइबे आमारो।)

64

अच्छा किया, निठुर ! यह तुमने,
अच्छा बहुत किया है;
अग्नि-ज्वाल ऐसा ही मेरे
उर में तीव्र जला दो।

धूप अगर मेरा न जले तो,
होगी नहीं सुगन्ध तनिक भी;
दीप अगर मेरा न जले तो,
होगा नहीं प्रकाश तनिक भी॥

चित्त अचेतन में रहता है
पड़ा हुआ जब मेरा,
पुरस्कार, आघात-स्पर्श का,
मिलता इसे तुम्हारा।

अन्धकार में मोह-लाज से
देख न पाता तुम्हें नेत्र से;
अग्नि जलाकर वज्र बना दो
मेरी श्यामलता को॥

(एइ क'रेछो भालो, निठुर ! एइक'रेछो भालो।)

65

तुम्हें देवता जान दूर मैं खड़ा रहा,
अपना समझ न आदर तुम्हें दिया है;
पिता मान मैं करता रहा प्रणाम तुम्हें,
बन्धु समझ हैं हाथ धरे न तुम्हारे।
सहज प्रेमवश तुम मेरे हो,
खुद ही जहाँ उतर आए हो,
वहाँ न सुख में मैंने उर में
किया वरण संगी कह तुमको॥

भाई हो तुम बन्धु-बीच, प्रभु !
फिर भी उन्हें न ताका मैंने;
बाँट भाइयों में अपना धन
मुट्ठी नहीं भरी तब मैंने।
दौड़ आ सबके सुख-दुःख में
खड़ा हुआ न तुम्हारे आगे;
क्लान्तिहीन कर्मों में सौंपे
प्राण न कूदा प्राण-उदधि में॥

(देवता जेने दूरे र'इ दाँड़ाए... ।)

66

क्या हो जो काम उसी में
        क्या लगाओगे मुझको भी ?
क्या न काम के दिन में अपने
        साथ जगाओगे मुझको भी ?
                भला-बुरा होने-जाने में,
                विश्वालय बनने-भँगने में,
                पास तुम्हारे रहकर जैसे–
                        हो पाऊँ मैं परिचित तुम से ॥

सोचा था कि विजन छाया में,
        जहाँ न कोई आवा-जाही,
सन्ध्या-समय तुम्हारे-मेरे
        बीच जान-पहचान बनेगी।
                अन्धकार में देखा-देखी,
                सपने में ज्यों, एकाकी;
                जहाँ हाट में क्रय-विक्रय है
                        होता; वहाँ बुला लो मुझको ॥

(तुमि जे काज क'रछो, आमाय से काजे कि लागाबे ना ?)

67

जहाँ विश्व के साथ योग में
विचरण तुम करते हो;
वहीं तुम्हारे साथ योग नित
मेरा भी होता है।
न तो विपिन में या न विजन में
और न मेरे अपने मन में;
जहाँ सभी के अपने हो तुम,
हे प्रिय ! मेरे भी हो॥

सबके पास जहाँ तुम अपनी–
बाँह पसारा करते;
वहीं प्रेम मेरा भी, हे प्रिय !
जाग पड़ेगा मन में।
प्रेम नहीं रहता गोपन में,
छिटक पड़ा करता प्रकाश-सा;
सबके हो आनन्द-विभव तुम,
हे प्रिय ! मेरे भी हो॥

(विश्व साथे योगे जेथाय बिहारो,...)

68

स्वयं खिलाते सुमन-सरिस तुम गान।
नाथ ! यही नित रहे तुम्हारा दान॥
देख सुमन ये, मैं आनन्द-विभोर,
देने आया हूँ अपना उपहार;
ले लो अपने कर में इन्हें सहास,
करो कृपा यह, रख लो मेरा मान॥

फिर, पूजा की वेला हो जब शेष,
और, धूल में गायन जब पड़ जाय;
क्षति कोई न, रहे धन सतत अजस्र
तव मन में, हे नाथ ! लुटे न।
खिला करें मेरे जीवन में स्वतः,
किया करें ये सार्थक मेरे प्राण॥

(फूलेर म'त'न आपनि फुटाव गान... ।)

69

अपना मुँह मैं किए तुम्हारी ओर रहूँ चिर,
यह इच्छा मम फलीभूत कर दो प्राणों में।
केवल रहना है, केवल ताके रहना,
केवल अपने मन को है साधे रहना;
सभी व्यथाओं में, सब आकांक्षाओं में,
अपने सारे ही दैनन्दिन कार्यों में ॥

नाना इच्छाएँ आती हैं दिशा-दिशा से,
एक यही इच्छा तुम सफल करो प्राणों में।
जगे रात-पर-रात सहज यह इच्छा
एक-एक की सुप्त वेदनाओं में;
दिन-पर-दिन को गूँथे रहा करे ज्यों,
एक सूत्र में तव आनन्द-गान में ॥

(मुख फिराये र'बो तोमार पाने,... ।)

70

अहे देवता मेरे ! भरकर देह-प्राण ये,
अमृत-पान कर लेना क्या तुम चाह रहे हो ?
मेरे नयनों में तुम अपना विश्व-रूप—
लखने को साध रहे हो अपने कवि को !
मेरे विमुग्ध श्रवणों में नीरव रहते
चाह रहे हो सुन लेना तुम अपना गायन ?
अहे देवता मेरे ! भरकर देह-प्राण ये,
अमृत-पान कर लेना क्या तुम चाह रहे हो ?

मेरे अन्तस्तल में यह सृष्टि तुम्हारी
रचे हुई है एक विचित्र-सी वाणी।
साथ उसी के मिल, प्रभु ! प्रीति तुम्हारी
गीति जगाया करती मेरी सारी;
मधुरस में तुम निज को देखा करते,
मुझ में किए दान तुम अपने को ही।
अहे देवता मेरे ! भरकर देह-प्राण ये,
अमृत-पान कर लेना क्या तुम चाहे रहे हो ?

(हे मोर देवता, भ'रिया ए देह-प्राण... ।)

71

साध यही है मेरी—हो जीवन-क्रम में,
गुंजित तव आनन्द महासंगीत में।
गगन तुम्हारा औ' प्रकाश-धारा
द्वार देख लघु वापस मत चल दें;
सज नृत्यरत षड्ऋतुएँ आवें
अन्तर में मम नित नवीनता ले॥

आनन्द तुम्हारा तन-मन में मेरे
किसी आवरण में मत अवरोधित हो;
मेरे चरम दुःख में तव आनन्द
उठे ज्वलित हो पुण्य-प्रकाश-सरिस।
तव आनन्द किए दीनता चूर्ण
उभर उठे मेरे सब कर्मों में॥

(एइ मोर साध जेनो ए जीवन माझे... ।)

72

टोह तुम्हारी लेने हेतु
अकेला मैं बाहर निकला;
नीरव अन्धकार में मेरे
साथ, न जानें, कौन चला !
उसे हटाना चाहा कई तरह से,
लौटा तो वह दूर हटा चुपके-से;
सोचा मैंने—विपदा दूर हुई है,
लेनिक वह आ गया दृष्टि में फिर से ॥

धरा कँपाता चलता है वह,
अपनी अति चंचलता से;
सब बातों के बीच चाहता
अपनी भी बातें कहना।
वह तो है मेरा ही अपना 'मैं', प्रभु !
उसे न होती लज्जा कभी तनिक भी;
उसे लिये मैं कैसे अपना मुँह ले
जाऊँ द्वार तुम्हारे, हे प्रभु ! मेरे ?

(एकला आमि बाहिर ह'लेम तोमार अभिसारे।)

73

सबसे अधम, दीन जन्न सबसे रहें जहाँ,
सदा तुम्हारे चरण राजते रहे वहाँ;
सबसे पीछे, सबसे नीचे, बीच सर्वहाराओं के।

जब भी तुम्हें प्रणाम किया करता हूँ मैं,
कहाँ रुका रह जाता है प्रणाम मेरा ?
चरण जहाँ अपमान तले तव पड़ते हैं,
वहाँ न जा पाता प्रणाम क्योंकर मेरा ?

अहंकार तो पास फटकता है न वहाँ,
फिरते हो तुम भूषणहीन विपन्न जहाँ;
सबसे पीछे, सबसे नीचे, बीच सर्वहाराओं के।

धन-सम्पत्-सम्पन्न लोग हों जहाँ कहीं,
आशा करूँ कि साथ तुम्हारा मिले वहीं;
संगीहीनों के संगी तुम रहे जहाँ,
कैसे मेरा हृदय पहुँचता है न वहाँ ?
सबसे पीछे, सबसे नीचे, बीच सर्वहाराओं के॥

(जोथाय थाके सबार अधम दीनेर ह'ते दीन... ।)

74

और न अपने सिर पर अपना
बोझा वहन करूँगा;
अपने ही दरवाजे पर
कंगाल बना न रहूँगा।
फेंक तुम्हारे चरणों पर यह बोझा (जैसे-तैसे),
अवहेलित जीवन ले मैं तो बाहर निकल पड़ूँगा।
खोज-खबर कुछ भी न रखूँगा, बातें कुछ न करूँगा,
और न अपने सिर पर अपना बोझा वहन करूँगा॥

जिसका भी है स्पर्श वासनाएँ
मेरी कर लेतीं;
निमिष मात्र में ही प्रकाश को
उसका हैं हर लेती।
मैं अशुद्ध हाथों से लाया गया न कुछ भी लूँगा;
बजे तुम्हारे प्रेम में न जो, उसको नहीं सहूँगा।
और न अपने सिर पर अपना बोझा वहन करूँगा॥

(आर, आमाय आमि निजेर शिरे...)

75

मैं तुम-सबकी ओर निहार रहा हूँ,
स्थान मुझे भी दो तुम अपने बीच;
सबसे नीचे धूल-भरी धरणी पर।

जहाँ न आसन का देना है मूल्य,
जहाँ खींचकर रेखा कुछ है लेना;
जहाँ मान-अपमान का न है भेद,
स्थान वहाँ दो मुझको अपने बीच॥

जहाँ आवरण बाहर का न रहे कुछ,
जहाँ रहे परिचय अपना उन्मुक्त;
अपना कहने को न जहाँ कुछ भी हो।

जहाँ न ढँके रहे अपने को सत्य,
वहीं खड़ा रह परम दान से 'उनके'
भर लूँगा मैं अपना सारा दैन्य।
स्थान वहाँ दो मुझको अपने बीच॥

(आमि चेये आछि तोमादेर सबा-पाने।)

76

छोड़ो मत, कसकर गहे रहो,
अजी, तुम्हारी होगी जय;
अन्धकार कट रहा स्यात् है,
अजी, नहीं अब कोई भय।

लखो, भाल पर पूर्व दिशा के,
अन्तराल में सघन विपिन के;
हुआ शुक्र - नक्षत्रोदय।
अजी, नहीं अब कोई भय।

ये तो हैं केवल निशिचर,
अविश्वास जो अपने ऊपर;
निराश्वास, आलस, संशय
नहीं भोर के हैं ये सब।

आओ, झटपट बाहर आओ,
देखो, शीश उठाकर देखो;
गगन हुआ अब ज्योतिर्मय।
रहा नहीं अब कोई भय॥

(छाड़िस ने, ध'रे थाक् एँटे, ओरे, ह'बे तोर जय।)

77

आज हृदय है भरा हुआ मेरा,
करो खुशी से करना जो चाहो;
अन्तस् में यदि इसी तरह राजो,
बाहर से मेरा सब कुछ हर लो,
सभी पिपासाओं का अन्त जहाँ,
पूर्ण करो, हैं मेरे प्राण वहाँ;
उसके बाद मरुस्थल के पथ पर
चढ़ने पर हो उठे धूप प्रखर॥

खेल-खेलते हो जो छल-बल का,
लगता है वह खेल मुझे अच्छा;
इधर चक्षु-जल-मज्जित करते हो,
उधर हास्य-सज्जित भी करते हो।
लगता है जब सब खोया-खोया,
तभी खोजने पर जाता हूँ पा;
देते फेंक क्रोड़ से मुझे कभी,
गले लगा लेते हो पुनः कभी॥

(आछे, आमार हृदय आछे भ'रे।)

78

गर्व किए मैं लेता हूँ वह नाम नहीं,
ज्ञात तुम्हें यह है ही, हे अन्तर्यामी !
नाम तुम्हारा फबता क्या मेरे मुँह में ?
करते जब उपहास लोग, मैं सोचूँ तब;
रमता है तव नाम कंठ में क्या मेरे ?
रहता हूँ मैं दूर बहुत ही तुम से,
रहे नहीं अज्ञात बात यह मुझसे।
नाम-गान के छद्मवेश में शायद मैं,
तुम्हें दिया करता हूँ परिचय अपना ही;
मन-ही-मन संकोच मुझे यह होता है॥

मिथ्या अहंकार से रक्षा किया करो,
रखो वहाँ मेरे लायक हो स्थान जहाँ;
दूर किए मुझको औरों की नजरों से,
किए रहो नित दृष्टि-दान मुझ पर अपना।
दया प्राप्त करने को मेरी पूजा ज्यों
नहीं किसी के घर में पाए मान कहीं;
बैठ धूल पर नित्य पुकारूँ मैं तुमको,
नए-नए अपराध, भले, करने पर भी॥

(गर्व क'रे निइ ने नाम, जानो अन्तर्यामी।)

79

अपनी ही इच्छा से कृपया
स्वयं रूप धर करके लघु-सा
आ जाओ इस लघु आलय में।
तभी तुम्हारी माधुर्य-सुधा
हर लेगी मेरी नेत्र-क्षुधा;
जानें, कितने ही रूपों में
पकड़ाते हो तुम जल-थल में॥

बन्धु, पिता, माता हो करके
आओ स्वयं हृदय में लघु हो;
मैं ही क्यों अपने हाथों से
कर दूँ छोटा विश्वनाथ को ?
तुम्हें जनाऊँ औ' खुद जानूँ—
अपना लघु-सा परिचय तुमसे॥

(दया क'रे, इच्छा क'रे आपनि छोटो ह'ये... ।)

80

ध्वज फहराए नभ-भेदी रथ पर
बाहर हो आए हैं वे, लो, पथ पर।
आओ शीघ्र, खींचनी होगी डोरी,
कहाँ सदन के कोने में हो दुबके ?
कूद भीड़ के बीच किसी भी विधि से
ठाँव बना लो अपना जैसे भी हो॥

चाहे जो हो घर का काम तुम्हारा,
भूल आज जाना होगा वह सारा।
खींचो, अपना तन-मन देकर पूरा,
खींचो, अपने प्राणों की तज माया;
खींचे रहो प्रकाश-तिमिर में कसकर
नगर-ग्राम में औ' जंगल-पर्वत पर॥

वह जो चक्र घूमता है झन-झनकर,
सुन पाते हो क्या निज उर में वह स्वर ?
क्या न रक्त में प्राण तुम्हारा तिरता ?
मरणजयी क्या गीत नहीं मन गाता ?
क्या न बाढ़-सी वेगवती आकांक्षा—
है भविष्य की ओर तुम्हारी जाती ?

(उड़िए ध्वजा अभ्रभेदी र'थे, ओइ जे तिनि, ओइ जे बाहिर पथे।)

81

भजन, पूजन, साधन, आराधन सब कुछ रहें पड़े;
रुद्ध द्वार मन्दिर के कोने में हैं क्यों तू, रे ?
अन्धकार में छिपा हुआ तू मन-ही-मन अपने–
लगा हुआ है किसके पूजन में संगोपन में ?
नेत्र खेलकर देख, देवता हैं न यहाँ घर में ॥

वे हैं जहाँ किसान काटते मिट्टी, कृषि करते हैं,
श्रमिक तोड़ते पत्थर पथ-निर्माण जहाँ करते।
धूप-ताप-वर्षा में वे तो साथ उन्हीं के हैं;
लगी धूल-मिट्टी है उनके दोनों हाथों में।
आ जा तू भी वस्त्र त्याग शुचि उन-सा ही रज में ॥

मुक्ति ? कहाँ है मुक्ति ? मिलेगी मुक्ति कहाँ तुझको ?
प्रभु तो स्वयं सृष्टि-पाश में बँधे हुए हैं सबसे।
रहे ध्यान, फूलों की साजी पड़ी रहे यों ही,
फटे वस्त्र, कुछ लगे धूल औ' मिट्टी भी उसमें।
हो जा उनके साथ काम में तू भी, श्वेद झरे ॥

(भजन-पूजन साधन आराधन समस्त थाक् प'ड़े।)

82

सीमा-बीच, असीम ! छेड़ते हो तुम अपना सुर;
है प्रकाश तव मुझमें, तब ही तो इतना सुमधुर।
कितने ही वर्णों में, गन्धों में,
कितने ही गानों में, छन्दों में,
हे अरुप ! तव रूप-केलि में जागे अन्तःपुर।
है शोभा तव मुझमें, तब ही तो इतना सुमधुर॥

मिलन तुम्हारा-मेरा हो तो सब कुछ खुल जाए;
ज्वार उभारे विश्व-जलधि तब रह-रहकर लहराए।
तव प्रकाश में तनिक न छाया,
मुझमें पाता है वह काया;
हो उठता मम अश्रुकणों में वह अतिशय सुन्दर।
है शोभा तव मुझमें, तब ही तो इतना सुमधुर॥

(सीमार माझे, असीम, तुमि बाजाव आपन सुर।)

83

मुझ पर तव आनन्द, इसी से–
आए हो तुम नीचे;
मैं होता यदि नहीं, तुम्हारा–
प्रेम वृथा हो आता।
मुझे लिए ही तव यह मेला,
मेरे हिय में रस का खेला;
मेरे जीवन में विचित्र धर–
रूप, तुम्हारी इच्छा लहरे॥

तभी राजराजेश्वर होकर
मेरे मन के खातिर,
फिरते हो मनहरण वेश में,
प्रभु ! रहते हो जागे।
नीचे उतरा प्रेम तुम्हारा
भक्तजनों का प्रेम बना, प्रभु !
मूर्ति तुम्हारी युगल मिलन में
पूर्ण प्रकाशित जिससे॥

(ताइ / तोमार आनन्द आमार' पर।)

84

नहीं तुम्हारे हेतु मान का आसन,
सुखद शयन है;
सब कुछ छोड़ खुशी से आओ,
पथ पर साथ चलें हम।
आओ, बन्धु ! सभी आ जाओ,
एक साथ सब बाहर होओ;
आज करेंगे यात्रा हम-सब
अपमानित लोगों के घर पर॥

निन्दा के भूषण पहरेंगे,
कंठहार काँटों के;
धारण माथे पर कर लेंगे
बोझे अपमानों के।
आश्रय जहाँ दीन-दुखियों के,
वहीं लुटा दें माथा अपने;
और, त्याग के रिक्त पात्र को
भर लें हम आनन्द-सुधा से॥

(मानेर आसन, आराम शयन नय तो तोमार त'रे।)

85

त्याग दिए मेरे गायन ने
अपने सारे अलंकार हैं;
रखा न अपने अलंकरण का
इसने कोई अहंकार है।
अलंकार अवरोध डालते
मिलन बीच मुझ-तुझ में हैं;
उनकी मुखरित झंकारों से
कथन तुम्हारे दबते हैं॥

नहीं तुम्हारे सम्मुख टिकता
मेरे कवि का गर्वित होना;
चाह यही है, हे कवि-पुंगव !
दे दूँ तव पदतल पर धरना।
यदि प्रयास कर जीवन-लय में
मैं अपनी बाँसुरी बजाऊँ,
रन्ध्र-रन्ध्र में तुम अपना स्वर
भर देना, जो मैं सुन पाऊँ॥

(आमार ए गान छेड़ेछे तार सकल अलंकार।)

86

निन्दा, दुःख, अनादर में
　　चाहे जितने आघात लगें,
जान रहा हूँ यहाँ न मुझको
　　खोने को कुछ भी तो है।
　　　　आसन की चिन्ता न मुझे है,
　　　　　　पड़ा धूल पर जब मैं हूँ;
　　　　दैन्य बीच संकोचहीन मैं
　　　　　　तव प्रसाद चाहा करता॥

लोग भला कहते हैं मुझको
　　जब सुख में मैं रहता हूँ;
रहती है कुछ वंचकता भी–
　　उनमें; जाना करता हूँ।
　　　　ले उन वंचकताओं को–
　　　　　　सिर पर मैं फिरता रहता हूँ;
　　　　पास तुम्हारे जाने को भी
　　　　　　नहीं समय मैं पाता हूँ॥

(निन्दा दुःखे अपमाने ज' त' आघात खाइ... ।)

87

उलझ गई है मोटे-पतले दो तारों में, जिससे—
जीवन-वीणा मेरी बजती नहीं सही सुर में है।
इस बेसुरी जटिलता से
आकुल हैं प्राण व्यथा से;
गायन मेरा अकस्मात् ही थम जाया करता है,
जीवन-वीणा मेरी बजती नहीं सही सुर में है॥

नहीं वेदना यह तो मुझसे सही किसी विध जाती;
पहुँच तुम्हारी सभा बीच यों लाज मुझे है आती।
गुणी तुम्हारे हैं जो, उनके—
पास न बैठा जाता मुझसे;
सबके पीछे दरवाजे पर अतः खड़ा मैं रहता;
नहीं सही सुर में बजती है मेरी जीवन-वीणा॥

(ज'ड़िये गेछे स'रु-मोटा दुटो तारे... ।)

88

गाने लायक हुआ न कोई गान;
देने लायक हुआ न कोई दान।
मन में जो था रहा आज भी शेष,
तुमसे छल मैं करता रहा अशेष !
कब होगा कर जीवन को परिपूर्ण
इस जीवन की पूजा का अवसान ?

सेवा कितनों की ही मैं करता,
अर्घ्य प्राणपण से देता रहता;
सजा दिया करता हूँ सत्यासत्य,
पकड़ा जाता हूँ हो दीन अशक्त।
छिपा हुआ कुछ नहीं तुम्हारे पास;
तव पूजा का साहस औ' विश्वास,
जो-कुछ है तव चरणों पर कर अर्पित
हुए अनावृत हैं ये मेरे प्राण॥

(गाबार म'तो ह'य कि कोनो गान।)

89

मुझमें होगी व्यक्त तुम्हारी लीला,
इसीलिए इस भव में हूँ आया।
द्वार सभी इस घर के खुल जाएँगे,
अहंकार के घन सब फट जाएँगे;
आनन्दपूर्ण संसार बीच तुम्हारे,
मेरा कुछ भी बाकी नहीं रहेगा॥

मरते-मरते तब मैं बचा रहूँगा,
मुझमें होगी व्यक्त तुम्हारी लीला।
सभी वासनाएँ मेरी तब तुमसे
थम जाएँगी प्रेमाश्रित हो करके;
सुख-दुःख के विचित्र जीवन में फिर तो
सिवा तुम्हारे कुछ भी नहीं रहेगा॥

(आमार माझे तोमार लीला ह'बे।)

90

तुम्हें ऊपरी मन से अपने गायन से
रहा ढूँढ़ता मैं चिर दिन इस जीवन में;
द्वार-द्वार घर-घर गायन ले गया मुझे,
गाता फिरता हाथ फेरता मैं भव में ॥
कितनी ही सीख सिखाई उसने,
कितनी ही गोपन राह दिखाई;
करवा दी पहचान कि कितने—
तारे हैं हृदय-गगन में ॥

इस विचित्र सुख-दुःख के जग में,
भ्रमण कराए रहस्य-लोक में;
सन्ध्या समय लिये आया है
मुझको वह कौन भवन में ॥

(गान दिए जे तोमाय खुँजि बाहिर म'ने।)

91

तुम्हें ढूँढ़ना शेष न होगा मेरा
जबकि जन्म का मेरे हो न सबेरा।
जा पहुँचूँगा मैं नव जीवन-लोक,
जागेगा नयनों में नव आलोक;
पहनूँगा नव मिलन-हार हो नूतन,
पाकर मैं आलोक नवीन तुम्हारा।
तुम्हें ढूँढ़ना शेष न होगा मेरा॥
अन्त नहीं है, अन्त न कभी तुम्हारा,
नव-नव लीलाएँ हैं अतएव सदा।
धारण कर फिर वेश, न जानें, कैसा
पथ पर हँसते हुए खड़े होओगे;
पास पहुँचकर मेरा हाथ गहोगे।
नया भाव होगा अनुभूत तुम्हारा।
तुम्हें ढूँढ़ना शेष न होगा मेरा॥

(तोमाय खोंजा शेष ह'बे ना मोर।)

92

मुझे बाँध देते हो जब आगे-पीछे,
लगता है, तब नहीं छूट मैं पाऊँगा;
फेंक दिया करते हो मुझको जब नीचे,
लगता है, तब खड़ा नहीं हो पाऊँगा।
फिर, जब बन्धन खोल दिया तुम करते हो,
और मुझे जब उठा लिया तुम करते हो;
झूला करता जीवन तव भुज-झूले में;
ऐसा ही मौका तुम मुझको देते हो ॥

भय दिखलाकर तन्द्रा मेरी हरते हो,
नींद तोड़कर निर्भय मुझको करते हो;
दर्शन देकर प्राणों में आह्वान किए,
तदुपरान्त रहते हो, जानें, कहाँ छिपे !
लगता है, खो दिया तुम्हें मैंने तब तो।
किन्तु, पुनः आवाज कहीं से देते हो ॥

(जखन आमाय बाँधो आगे-पिछे... ।)

93

तुम्हें रहूँ, प्रभु ! अपना सतत बनाए,
इतना-सा ही मेरा 'मैं' रह जाए।
तुम्हें निरखता हूँ प्रत्येक दिशा में,
अर्पित कर सर्वस्व मिलूँ मैं तुम से;
प्रेम लगाए रहूँ अहर्निश तुम में,
इच्छा मेरी इतनी-सी रह जाए।
तुम्हें रहूँ, प्रभु ! अपना सतत बनाए॥

तुम्हें रखूँ मैं नहीं कहीं ढँक करके,
इतना-सा ही मन मेरा बचा रहे।
प्राण-भरित हो लीला, नाथ ! तुम्हारी,
रखे हुए हो मुझे इसी से भव में;
बँधा रहूँ तव बाहु-पाश में चिर मैं,
इतना-सा ही बन्धन मेरा रह जाए।
तुम्हें रहूँ, प्रभु ! अपना सतत बनाए॥

(तोमाय आमार प्रभु क'रे राखि।)

94

प्रेम-दूत को भेजोगे कब तुम, हे नाथ !
जब कि छूट जाएँगे मेरे सारे द्वन्द्व।
आते हैं जब मेरे घर पर कोई अन्य,
भय दिखलाए करते हैं मुझ पर आदेश।
यह दुरन्त मन बन्द किए रहता है द्वार,
वापस कर देता सबको मानता न हार॥

उसके आने से पिछले सब जाएँ छूट;
उसके आने से बन्धन जाएँगे टूट।
मुझे रखेगा घर में तब अटकाए कौन ?
'हाँ जी' कहना ही होगा उसकी पुकार पर॥

आता जब वह चला, अकेला आ पड़ता;
हार गले में उसके फूलों का रहता।
वही हार जब आकृष्ट कर लेगा मुझको,
नीरव बना रहेगा तब अन्तस् मेरा॥

(प्रेमेर दूतके पठाबे, नाथ, क'बे ?)

95

जननि ! तुम्हारे करुण चरण मैंने
निरखे आज अरुण किरणों में;
जननि ! तुम्हारी मरण-हरण वाणी
तिरती चुपके नीरव नभ में।

नमन करूँ मैं तुमको भव में,
नमन करूँ तुमको कर्मों में;
तन-मन-धन सब अर्पित आज करूँ
भक्तिपूत तव पूजन-धूपों में।
जननि ! तुम्हारे करुण चरण मैंने
निरखे आज अरुण किरणों में॥

(जननि, तोमार करुण चरणखानि हेरिनु आजि... ।)

96

मेरे नयन लुभाने को तुम आई !
खोल हृदय जब देखा मैंने,
क्या-कुछ पड़ा दिखाई।
आस - पास शेफालि - तले
सुमनों के ढेर झरे हैं;
शिशिर-सिक्त तृणदल पर निज
रँगे चरण धर तुम आई।
नयन लुभाने को तुम आई !
आँचल है आलोक-तिमिर के वन में–
उड़ता, कहता सुमन निरख मुख मन में–
तुम्हें करें हम सभी वरण,
हरण करो निज मुखावरण,
मेघावरण हटा दो कर से,
ताकि पड़ो तुम दिखलाई।
नयन लुभाने को तुम आई !
वनदेवी के द्वार तुम्हारी पगध्वनि
सुन पड़ती, नभ-वीणा के तारों में–
आज तुम्हारी आगमनी !
कहाँ स्वर्ण-नूपुर बजते ?
लगता है पाषाण गलाए
भाव-सुधा उर भर लाई
नयन लुभाने को तुम आई !!

(आमार / नयन भुलानो एले।)

97

आ बैठी थी वह तो मेरे पास, न तब मैं जागा।
क्या जानें, वह कैसी थी हतभागिनी नींद मेरी!
आई थी वह नीरव निशि में,
वीणा थी उसके हाथों में;
बजा गई थी सपने में वह एक गम्भीर रागिनी॥

जागा जब, देखा तब मैंने मलय-पवन कर पागल–
अन्धकार को चीर रहा है अपनी सुरभि बिखेरे।

क्यों मेरी निशि यों ही जाती?
पा समीप पाता न उसे मैं!
क्यों उसकी माला की छूवन
लगती नहीं हृदय में है॥

(से जे पाशे एसे ब'से छिलो...।)

98

आज तुम्हारी सोने की थाली में;
दुख की अश्रुधार सजाऊँगा मैं !
और, तुम्हारी ग्रीवा हित, हे अम्बे !
मुक्ताओं का हार गूँथ लूँगा मैं।

चन्द्र-सूर्य तव चरणों पर, हे माते !
माला बनकर जड़े हुए हैं दोनों;
आज तुम्हारे वक्षस्थल पर मेरे
शोभित होगा अलंकार दुःखों का !

धन-धान्य तुम्हारे ही तो धन सब हैं,
करना है क्या इनका, तुम ही जानो;
देना चाहो तो दे मुझको अथवा,
लेना चाहो तो सब कुछ खुद ले लो।

मेरे घर की वस्तु दुःख है, तुम तो–
जान रही हो, खाँटी बात यही है;
ले लो सब प्रसाद दे मुझको, माते !
मेरे मन का अहंकार जो भी है॥

(तोमार / सोनार थालाय साजाबो आज दुखेर अश्रुधारा)

99

रही नहीं अब वेला, अब तो–
छाया धरणी पर उतरी;
अरी सखी ! अब चलो घाट पर,
भर लावें निज-निज गगरी।

जल-धारा है कलकल स्वर में
सान्ध्य गगन को आकुल करती;
देखो, ध्वनि वह पथ पर बुला रही,
चलो घाट पर, भर लावें गगरी।

अरी, किसी की आवा-जाही
अब न विजन-पथ पर है, देखो;
प्रेम-नदी में उठतीं लहरें;
उतावली चल रही हवा है,
जानें, लौट सकें कि नहीं भी;
होगा किसके साथ आज परिचय ?
बजा रहा है कौन घाट पर–
अनजाना, वीणा तरणी पर ?
चलो घाट पर, भर लावें गगरी॥

(आर / नाइ रे बेला, नामलो छाया धरणी ते।)

100

दुःस्वप्न कहाँ से आ करके
जीवन में करते गड़बड़ हैं !
रोते-जगते लखा शेष में,
मातृक्रोड़ के सिवा न कुछ है।
सोचा था कोई और स्यात्
भय से जान लगाकर जूझे;
आज देखकर हास तुम्हारा—
समझा—प्रेम तुम्हारा ही है॥

लिये हुए सुख-दुःख का भय यह
जीवन सदा छला जाता है;
मानो, उसके सिवा न कुछ है,
और, यही मेरा समुदय है !
काट घोर तम इन आँखों में
आवेगा आलोक भोर का;
हो परिपूर्ण तुम्हारे सम्मुख
थम जाएँगे कल्लोल सभी॥

(दुःस्वप्न कोथा ह'ते एसे जीवने बाधाय गण्डगोल')

101

आज द्वार पर जाग्रत है ऋतुराज।
करना मत तुम इसे विताड़ित
अपने कुंठित अवगुंठित जीवन में।
आज खोल दो अन्तस्तल निज;
अपना और पराया आज भुला दो।
इन संगीत-मुखर अम्बर में–
अपनी सुरभि तरंगित कर दो।
बहिर्जगत् में दिक्हारा हो
आज माधुरी अपनी भर दो॥

वन में जो अति निविड़ वेदना
पल्लव-पल्लव में मुखरित है।
दूर गगन में राह हेरती
किसकी व्याकुल वसुन्धरा है ?
दक्षिण पवन लगे प्राणों में–
मेरे; दस्तक द्वार-द्वार दे–
करे याचना क्या-कुछ किससे ?
सौरभ-विह्वल रजनी किसके–
चरणों पर जगती धरणी में ?
हे सुन्दर, वल्लभ, कान्त ! कहो,
आह्वान तुम्हारा किसके हित है ?

(आजि / वसन्त जाग्रत द्वारे... ।)

102

आओ, सजल जलद ! आओ;
आओ, जल बरसा जाओ।
विपुल स्नेह श्यामल शीतल
जीवन में सरसा जाओ॥

पर्वत-शिखर चूम आओ,
घेर छाँह में कानन को;
आओ, निज गुरु गर्जन से
आच्छादित कर दो नभ को॥

नीप-विपिन हो उठे रुचिर
पुलकपूर्ण निज सुमनों से;
कूल-कूल सरिताओं के
उभर उठें कल कूजन से॥

आओ, हृदय-भरण ! आओ,
आओ, तृषाहरण ! आओ;
जलद ! नयन शीतल करने
सघन बने मन में आओ॥

(एसो हे, एसो, सजल घन, बादल बरिषने।)

103

आया है आषाढ़ पुनः नभ में छाए;
आता है वातास वृष्टि की सुरभि लिये।
इधर पुरातन हृदय आज मेरा—
पुलकित-कम्पित हो-हो उठता है;
नव मेघों की घनता अपने पास लखे,
आया है आषाढ़ पुनः नभ में छाए॥

रह-रहकर विस्तृत खेतों-मैदानों में,
नव तृणदल पर मेघों की छाया पड़ती।
'आया है, आया है'—कहते प्राण;
'आया है, आया है'—उभरे गान।
नयनों में आया है, मन में आया है;
आया है आषाढ़ पुनः नभ में छाए॥

(आबार एसेछे आषाढ़ आकाश छेये।)

104

नदी पार का यह आषाढ़-प्रभात-काल
भर लो, हे मन मेरे ! अपने प्राणों में।
हरित नील स्वर्णाभा में मिल
सुधा-सिक्त कर डाला जिसने
जगा दिया नभ में गम्भीर रव,
अपना लो, मन मेरे ! उसको प्राणों में॥

करते हुए भ्रमण प्रभात में पथ पर यों,
दोनों और खिले सुमनों को सब बिटोर लो।
उन सबको निज चेतनता से
निशि-दिन लेना गूँथ हार में;
भाग्य समझकर निज प्रतिदिन को
अपना लो, मन मेरे ! अपने प्राणों में॥

(नदी पारेर एइ आषाढ़ेर प्रभातखानि... ।

105

आषाढ़ी सन्ध्या घिर आई, दिन अब बीत गया;
बन्धमुक्त हो रही वृष्टि है रुक-रुककर, देखो।

घर के कोने में बैठा एकाकी क्या-क्या सोच रहा हूँ मन में !
सजल वायु, जानें, क्या-कुछ कह जाती पैठी इस जूही के वन में !

लहर उठी है आज हृदय में मेरे, खोज नहीं पाता हूँ कूल कहीं;
सौरभ प्राण जुड़ा जाता है आके, भींग रहे हैं वन के फूल कहीं।

रात अँधेरी, पहर-पहर को भर दूँ
किस स्वर से, कुछ सोच नहीं पाता;
आकुल हूँ मैं सब कुछ भूले,
भूल कौन-सी है, क्या जानूँ !
बन्धमुक्त हो रही वृष्टि है रुक-रुककर, देखो॥

(आषाढ़ सन्ध्या घ'नियें एलो, गेलो रे दिन ब'ये।)

106

आज गहन सावन-घन प्रेरित
चरणों से तुम आ पहुँचे हो;
नीरव रजनीवत् चुपके-से
सब लोगों की दृष्टि बचाए !

आज नयन मूँदे प्रभात है,
पवन वृथा करता पुकार है;
निलज नील आकाश ढँके यह
सघन मेघ किसने प्रेरा है ?

कूजनहीन पड़ा है कानन,
द्वार बन्द हैं सभी घरों के;
पथिक कौन तुम, भला, अकेले
पथिक-शून्य पथ पर आ धमके ?

मेरे सखा, प्राणप्रिय मेरे !
द्वार खुला है मेरा, देखो;
स्वप्न-सरीखे होकर सम्मुख
मुझे उपेक्षित कर मत जाओ ॥

(आजि / श्रावणघन गहन मोहे... ।)

107

जमे मेघ-पर-मेघ, अँधेरा घिरता आता है;
मुझे द्वार पर बिठा अकेला रखते हो तुम क्यों ?

मुझे काम के दिन में बहुविध काम रहा करते,
कई तरह के लोग मुझे हैं हरदम घेरे रहते;
आज तुम्हारे आश्वासन पर बैठा रहा यहाँ,
मुझे द्वार पर बिठा अकेला रखते हो तुम क्यों ?

दर्शन दो न, रहो करते यदि मेरी अवहेला,
कैसे कटे, कहो, तब मेरी मेघपूर्ण वेला ?
दूर-दूर तक आँख बिछाए हेरा करता हूँ,
प्राण किया करते क्रन्दन दूरन्त पवन से हैं।

जमे मेघ-पर-मेघ, अँधेरा घिरता आता है;
मुझे द्वार पर बिठा अकेला रखते हो तुम क्यों ?

(मेघेरे'परे मेघ ज'मेछे, आँधार क'रे आसे।)

108

आज वारि, लो, झरता झर-झर
भरे हुए मेघों से है;
फोड़ गगन आकुल जल-धारा
थमती नहीं कहीं भी है।
शाल-विपिन में दल-के-दल है
मेघों से लग गई झड़ी;
झूम-झूम मैदानों में है
इधर-उधर वर्षा होती;
जटा पसारे मेघों की यों
कौन आज है नाच रही ?
अजी, खुला है मन मेरा यह,
लुटा झड़ी में हो जैसे;
वक्षस्थल-पूरित तरंग है
पड़ती पाँवों पर किसके ?
अन्तस् में कलरव यह कैसा,
खुले द्वार का पट है ज्यों;
हृदय-बीच जागा पागल-सा
मास भाद्रपद में है यों।
आज रात-घर-बाहर ऐसा
कौन मत्त हो रहा, भला ?

(आज / बारि झ'रे झरझर भ'रा बाद'रे।)

109

व्योमतल में खिल गया आलोक-शतदल;
दिग्दिन्तर पुष्प-दल छादित हुआ है,
ढँक गया है निविड़ तम का सलिल श्यामल।
बीच में आसीन स्वर्णिम कोष में मैं—
बन्धु ! अपने-आपमें आनन्दरत हूँ;
घेरता आता मुझे आलोक-शतदल।

पवन नभ में चल रहा, लहरा रहा है;
गान चारों ओर गुंजित हो रहा है।
प्राण चारों ओर नर्तन कर रहा है,
गगन-पूरित स्पर्श तन में लग रहा है।

मैं लगा डुबकी समुद्र इस प्राण-सर में,
भर रहा हूँ प्राण निज अन्तःकरण में;
घेरता मुझको पवन ज्यों चल रहा है।
दसों दिशाओं से आँचल निज फैलाए,
मिट्टी ने आह्वान किया है;
जहाँ कहीं जो जीव रहा है,
सबको उसने बुला लिया है;
सबके हाथों में, सबके ही पातों में
वितरित उसने अन्न किया है।
भरा हुआ मन गीत-नाद से
बैठा हूँ मैं महोल्लास से;
मुझे घेर आँचल अपना फैलाए
मिट्टी ने आह्वान किया है।

नमस्कार, आलोक ! तुम्हें है,
मेटो तुम मेरा अपराध;
और, भाल पर मेरे रख दो
शुभ्र पिता के आशीर्वाद।

पवन ! तुम्हें मम नमस्कार है,
रह न जाय कोई अवसाद;
कर दो पूरे तन में मेरे
व्याप्त पिता के आशीर्वाद।

मिट्टी ! तुमको नमस्कार है,
मिट जाए अब मेरी साध;
घर-भर फलीभूत कर दो तुम
आज, पिता के अशीर्वाद॥

(आकाश त'ले उठलो फुटे आलोर शतदल।)

110

खो गया आज है मन मेरा मेघों में;
पता नहीं चल सका कहाँ है क्या, जानें।

बिजली है उसकी वीणा के तारों में,
बार-बार बज उठते जो आघातों से;
ठनका करता है वक्षस्थल पर ठनका,
महानाद से कैसा !

पुंज-पुंज गुरु भारों से
निविड़ नील घन तम में,
जुड़ा अंग है मेरा यह,
प्राणों में है सिमटा।

पागल मरुत नृत्यमत्त हो
हुआ आज है संगी मेरा;
अट्टहास करता आता है,
नहीं मानता वारण॥

(चित्त आमार हारालो आज... ।)

111

आज निरखता हूँ, मैं बहुविधि
मानव-बीच रूप पावस के।
निविड़ साज साजे चलते हैं
मेघ गगन में गर्जन करते॥
नाच रही ज्यों उनके उर में भीमा,
लुप्त किए चलते धावन से सीमा;
किस ताड़न से मेघ मेघ आपस में—
वज्र-नाद करते टकराते ?
मानव-बीच रूप पावस के॥

पुंज-पुंज में मेघ गगन में
हैं जो दूर-सुदूर विचरते,
दल-के-दल चलते रहते हैं,
किस कारण, कुछ भी नहीं समझते।
ज्ञात नहीं है, किस गिरिवर पर कब ये
गलकर जल हो गिरें सघन सावन में;
ज्ञात नहीं किस समारोह में इनके
कैसा भीषण जीवन-मरण विराजे।
मानव-बीच रूप पावस के॥

वाणी, जो ईशान कोण में
गुरु गम्भीर हुआ करती है,
क्या जानें, क्या काना-फूसी
उनमें यों होती रहती है।

दिगन्तराल में क्या भवितव्यता
स्तब्ध तिमिर में भाषाहीन व्यथा;
कृष्ण कल्पना किस आसन्न कार्यवश
निविड़ छाँह में घनीभूत होती।
मानव-बीच रूप पावस के॥

(आज / बरषार रूप हेरि मानवेर माझे... ।)

112

धनखेतों में धूप-छाँव में लुका-छिपी का खेला !
नील गगन में उजले घन का बेड़ा किसने खोला ?
आज भ्रमर यह भूला करने में मधुपान मधुर है;
उड़ता-फिरता इधर-उधर आलोक-मत्त होकर है।
लगा आज किस हेतु नदी के तट पर हलचल-मेला ?

आज नहीं, हे भाई ! मैं घर आज नहीं जाऊँगा;
अजी, आज आकाश भंगकर लूट बहिः को लूँगा।
ज्वार-सलिल की फेन-राशि जिस भाँति हुआ करती है,
इसी हवा में उसी भाँति क्या आज नहीं तिरती है।
बजा बाँसुरी बिना काम के आज कटेगी वेला॥

(आज धानेर क्षेते रौद्र छायाय लुकोचुरि खेला)

113

बाढ़ आज आनन्द-सिन्धु से ही आ पहुँची है, जी !
डाँड़ थाम बैठें सब-कोई, आओ, रस्सी खींचें।
चाहे जितना बोझा लादें,
दुःख की तरी पार कर डालें,
लहरों पर भी जय हम कर लें,
प्राण भले ही जाएँ चले !
बाढ़ आज आनन्द-सिन्धु से ही आ पहुँची है, जी !

कौन पुकार रहा पीछे से, कौन मना करता है ?
कौन बात करता है भय की ? भय तो ज्ञात सभी हैं !
कौन शाप, ग्रह-दोष है कि हम–
बैठे रहें सुखासन पर जा ?
धरे पाल की रस्सी कसकर
गाते गीत बढ़ें आगे।
बाढ़ आज आनन्द-सिन्धु से ही आ पहुँची है, जी !

(आनन्देरइ सागर थेके एसेछे आज बान।)

114

आज झड़ी की रात हुआ आगमन तुम्हारा है,
प्राण-सखा हे मेरे बन्धु !
रोता है आकाश हताश-सा
नहीं नींद है नयनों में मेरे
द्वार खोल करके, हे प्रियवर !
बार-बार मैं तुम्हें निहार रहा हूँ।
प्राण-सखा हे मेरे बन्धु !

बाहर कुछ मैं देख न पाता,
सोचा करता हूँ कि किधर पथ बन्धु ! तुम्हारा है।
किस सुदूर सरिता के पार,
किस दुर्गम जंगल के पास,
किस गम्भीर तमिस्रा होकर
हो जाते हो पार, भला, तुम ?
प्राण-सखा हे मेरे बन्धु ॥

(आजि / झ'ड़ेर राते तोमार अभिसार... ।)

115

ज्ञात मुझे है, ज्ञात मुझे, किस आदिकाल से
तुमने मुझे बहाया जीवन की धारा में–
सहसा, हे प्रिय ! कितने ही ग्रह-पथ पर तुम नित,
हर्ष प्रदान रहे हो करते इन प्राणों में।

जानें, कितनी बार बादलों के पीछे से
रहा किए हो खड़े-खड़े हँसते-मुस्कराते,
अपने पाँव बढ़ाते हुए अरुण किरणों पर
स्पर्श प्रदान किया है तुमने मम ललाट पर।

संचित रहा किया है मेरे इन नयनों में
रूप तुम्हारा काल-काल में, लोक-लोक में;
नए-नए आलोकों में, क्या जानें, कितने–
हुए मुझे अपरूप रूप के दर्शन तब हैं।

नहीं जानता कोई–कितने ही युग-युग से
होता रहा किया है, प्रियवर ! इन प्राणों में,
कितने ही सुख-दुःखों में, प्रेमिल गानों में,
स्नेह-सुधा-रस-वर्षण कितना सतत तुम्हारा॥

(जानि, जानि कोन आदिकाल ह'ते... ।)

116

नाथ ! जगाया आज मुझे जब,
वापस मत चल देना तुम तब;
अपनी दया-दृष्टि तुम डाल जाना।
जल-वर्षण आषाढ़-मेघ का
निविड़ विपिन तरु-शाखाओं पर;
मेघपूर्ण आलस में सोई
पड़ी हुई यह रात आज है।
वापस मत चल देना तब तुम,
अपनी दया-दृष्टि डाल जाना॥

बिजली रह-रह छिटक रही है,
इन प्राणों में नींद नहीं है;
वर्षा की जल-धारा के सह
गाने को जी चाह रहा है।
हृदय चक्षु-जल में है मेरा,
निकल पड़ा इस तिमिर-बीच जो;
व्याकुल हो आकाश चीरकर
बलपूर्वक दो हाथ बढ़ाए।
वापस मत चल देना तुम तब,
अपनी दया-दृष्टि डाल जाना॥

(आमारे यदि जागाले आजि, नाथ !)

117

कास-गुच्छ बाँधा है हमने, गूँथी है शेफाली-माला;
नए धान की बालों से है सजा रखी यह डाली हमने।
आओ शारद-लक्ष्मी ! अपने शुभ्र मेघ के रथ पर, आओ;
आओ, निर्मल नील पंथ पर धौत-श्याम आलोकिन आओ।
वन पर्वत-प्रान्तर में आओ॥

आओ सिर पर धारण करके शतदल श्वेत शिशिर शीतल शुभ
झरे हुए मालती पुष्प से सज्जित आसन पर निकुंज में;
भरी हुई गंगा के तट पर फिरता मराल तव चरणों पर,
पंख पसारने को अति आतुर !

गूँज उठे तव तान शुभंकर स्वर्णिम वीणा के तारों में;
मृदु-मृदुतर झंकारों से;
हास्य-ध्वनित स्वर विगलित हो तव
क्षणिक अश्रुधारा में पड़कर।
झलक उठे पारसमणि रह-रह
अलकों के छोरों पर अहरह;
पलकों पर सकरुण करों से
मन अपना करना संचारित;
हो जाएगी स्वर्ण भावना,
अन्धकार होगा आलोकित॥

(आमरा / बेंधेछि काशेर गुच्छ,...)

118

आज शरद् में कौन अतिथि यह
प्राण-द्वार पर आया ?
गाओ गीत खुशी का, रे मन !
गाओ गीत खुशी का।

नील गगन की नीरवता,
शिशिर-सिक्त व्याकुलता;
आज ध्वनित हो उठे तुम्हारी
वीणा के तारों में।

शस्य-क्षेत्र के स्वर्ण-गान में,
योग करो समरूप तान में;
आज बहा दो स्वर अपना तुम
भरी नदी की धारा में !

जो आया है उसके मुख को
नेत्र उठाए सुख से देखो,
द्वार खोलकर साथ उसी के
हो जाओ बाहर तुम भी ॥

(शरते आज कोन् अतिथि एलो प्राणेर द्वारे ?)

119

जीवन में जो रहा सदा आभास में,
खिला नहीं जो प्रातःकाल-प्रकाश में;
शेष-दान में जीवन के,
शेष-गान में जीवन के,
वही करूँगा अर्पित, हे देवता ! तुम्हें
खिला नहीं जो प्रातःकाल-प्रकाश में ॥

नहीं सकी है बाँध अन्ततः कथा उसे,
नहीं सका है साध गीत स्वर उसको दे;
रहा निभृति में निःस्वर जो,
नूतन मोहन रूप धरे;
छिपा हुआ रह गया, सखे ! जो नयनों से,
खिला नहीं जो प्रातःकाल-प्रकाश में

देश-देश में फिरा उसी के लय में मैं,
दिए उसे ही जीर्ण-शीर्ण जो जीवन में;
सब भावों, सब कर्मों में,
सबके ही समक्ष मैंने;
वह एकाकी रहा शयन में, सपने में।
खिला नहीं जो प्रातःकाल-प्रकाश में ॥

चाहा कितनों ने ही, कितनी बार उसे,
लौट गए पर बहिर्द्वार से निष्फल वे।
और न कोई समझेगा,
तुमसे मम परिचय होगा;

यही आस ले था जो तव आकाश में।
खिला नहीं जो प्रातःकाल-प्रकाश में॥

(जीवने जा चिरदिन ए'ये गेछे आभासे)

120

जीवन में जो पूजाएँ थीं, पूरी हुई नहीं;
ज्ञात मुझे है, फिर भी वे हैं मिथ्या हुई नहीं।

बिना खिले झड़ गए फूल धरणी पर कितने ही,
खोईं सरिता-धाराएँ मरुथल में कितनी ही;
ज्ञात मुझे है, तदपि हुई है कोई वृथा नहीं॥

जीवन में रह गया आज भी जो कुछ पीछे है,
ज्ञात मुझे है, हुआ नहीं वह भी तो मिथ्या है।

रहा अनागत यहाँ, अनाहत जो कुछ भी मेरा,
रहा तुम्हारी वीणा के तारों से वह बजता;
ज्ञात मुझे है, तदपि हुई है कोई वृथा नहीं॥

(जीवने ज;तो पूजा ह'लो ना साए... ।)

121

बैठा हूँ मैं, ताकि प्रेम के हाथों पकड़ा जाऊँ;
देरी हुई बहुत, मैं दोषी हूँ अनेक दोषों से।
    विधि-विधान की रज्जु बाँधने आती, मैं हट जाता,
    उस पर जो भी दंड मिले, मैं ग्रहण समुद्र कर लूँगा।
बैठा हूँ मैं, ताकि प्रेम के हाथों पकड़ा जाऊँ॥

लोग किया करते जो मेरी निन्दा, झूठ नहीं है;
शिरोधार्य कर उन सबको मैं रहूँ सभी से नीचे।
    शेष हुई अब बेला, मेला रहा न क्रय-विक्रय का;
    आए थे जो मुझे बुलाने वे सरोष अब लौटे।
बैठा हूँ मैं, ताकि प्रेम के हाथों पकड़ा जाऊँ॥

(प्रेमेर हाते ध'रा देबो, ताइ र'येछि ब'से।)

122

अपने नाम-तले रखता हूँ जिसे ढँके,
मर जाता वह उसी नाम की कारा में।
दिवा-रात्रि में जितना ही सब भूले,
रहता नभ तक अपना नाम उछाले;
उतना ही तो अपने नाम-तिमिर में,
खो देता हूँ सच को, खुद अपने को॥

धूल जमाकर ढेर किया है मैंने,
अपना नाम किए रहता हूँ ऊपर;
छिद्र कहीं रह ही जाता है उसमें,
मन न मानता है विराम कुछ फिर भी;
जितना ही करता प्रयास मैं मिथ्या,
उतना ही खो देता हूँ अपने को॥

(आमार / नामटा दिए ढेके राखि जारे...)

123

मुझे बुला लो, मुझे बुला लो,
मुझे बुला लो;
अपने शीतल स्निग्ध गम्भीर
पावन तम में।
तुच्छ दिवस की क्लान्ति-ग्लानि नित
खींच धूल में ले जाती है जीवन को
मन की बातों के क्षुद्र विकारों में ॥

मुक्त करो अब, मुक्त करो तुम,
मुक्ति मुझे दो;
अपने निविड़ नीरव उदार
अनन्त तम से।
नीरव निशि में खो निज वाक्,
मिले बहिः मेरा बाहर में;
दिखे, लिये आकार अखण्ड
मम अन्तरतम ॥

(डाको, डाको, डाको आमारे...)

124

तोड़ मुझे लो, देर नहीं हो,
कहीं धूल पर गिर न पड़ूँ मैं।
फूल, तुम्हारी माला में यह
ठाँव सके ले या न सके भी;
तदपि तुम्हारे कराघात से–
टूट भाग्य जग जाए इसका।
तोड़ मुझे लो, तोड़ मुझे लो,
और देर मत हो॥

जानें, कब दिन बीत चुकेगा
छा जाएगा घोर अँधेरा;
तव पूजा की वेला, जानें,
कब चुपचाप निकल जाएगी।

कुछ तो इसने रंग धरा है,
सुरभि-सुधा से हृदय भरा है;
अपनी सेवा में ले लो तुम–
इसे, समय शुभ रहते-रहते।
तोड़ इसे लो, तोड़ इसे लो,
और देर मत हो॥

(छिन्न क'रे ल'व हे मोरे, आर विलम्ब नय।)

125

जहाँ लूट हो रही तुम्हारी भव में,
वहाँ चित्त जाएगा कैसे मेरा !
स्वर्णिम घट में सूरज-तारे
भर लेते प्रकाश-धारा को;
घिरे प्राण हैं जहाँ अनन्त गगन में,
वहाँ चित्त जागेगा कैसे मेरा !

जहाँ दान के आसन पर तुम बैठो,
चित्त वहाँ जाएगा कैसे मेरा !
नए-नए रस में नित ढाले
रखते हो अपने को खोले;
क्या न वहाँ आह्वान पड़ेगा मेरा ?
चित्त वहाँ जाएगा कैसे मेरा ॥

(जेथाय तोमार लुट ह'तेछे भुवने... ।)

126

मरण जिस दिन दिवसान्त में
द्वार तुम्हारे आ पहुँचेगा,
उस दिन क्या दोगे तुम उसको ?
भरा हुआ यह प्राण समुद्र
उसके सम्मुख रख दूँगा;
खाली हाथ न उसको विदा करूँगा।
मरण द्वार पर जिस दिन आ पहुँचेगा॥
कितनी ही शरद्-वसन्त-निशा में,
कितनी ही सन्ध्या औ' प्रभात में,
रस बरसे कितना ही जीवन-पात्र में;
कितने ही फूलों और फलों से
भर उठता मेरा हृदय पुलक से;
सुख-दुःख की प्रकाश-छाया के स्पर्श से।

जो कुछ है संचित धन मेरा
इतने दिन के आयोजन से;
अन्तिम दिन अर्पित उसको कर दूँगा।
मरण द्वार पर जिस दिन आ धमकेगा॥

(मरण जेदिन दिनेर शेषे आसबे तोमार दुआरे... ।)

127

कौन कहा करता कि मरण जब धर लेगा,
तब सब कुछ तुम यहीं छोड़ जाओगे ?
प्राप्त किया है जो कुछ तुगने जीवन में,
सब ले लेना होगा तुम्हें मरण में।
भरे हुए भंडार बीच आ,
खाली हाथ चला जाना क्या ?
ले जाने लायक जो-कुछ हो
रख लो अपने पास सजाए॥

आवर्जन के बोझ अनेकों अब तक जो
करते रहे इकट्ठा सतत यहाँ हो,
बच जाओगे चलते समय अगर तुम–
क्षय उन सबका किए हुए यदि जाओ।
आए हो इस पृथ्वी पर तो
यहीं तुम्हें सज लेना होगा,
राजा - जैसा; हँसते - हँसते–
चल देना उस पार मृत्यु के॥

(के ब'ले सब फेले जाबि, मरण हाते ध'रबे ज'बे ?)

128

अरी, मेरे इस जीवन की शेष परिपूर्णता,
मृत्यु, मेरी मृत्यु ! मुझे दो इतनी बात बता।
सारा जन्म तुम्हारे हेतु
मैं तो प्रतिदिन रहा जागता।
रहा वहन करता मैं अपने सुख-दुःख की व्यथा।
मृत्यु, मेरी मृत्यु ! मुझे दो इतनी बात बता॥

जो पाया, जो हुआ, रही जो मेरी आशा,
अनजानें तुमसे रही प्रेम की अभिलाषा।
होगा मिलन तुम्हारे साथ,
मात्र एक शुभ दृष्टिपात से;
जीवन-वधू रहेगी नित्य तुम्हारी अनुगता।
मृत्यु, मेरी मृत्यु ! मुझे दो इतनी बात बता॥

गुँथा हुआ है वरण-हार मेरे इस मन में,
आओगे कब वर सजकर तुम हँसते-हँसते ?
उस दिन मेरा घर न रहेगा कोई;
अपना या न पराया होगा कोई;
विजन रात में प्रियतम-संग मिलेगी पतिव्रता।
मृत्यु, मेरी मृत्यु ! मुझे दो इतनी बात बता॥

(ओगो आमार ए जीवनेर शेष परिपूर्णता।)

129

जो-कुछ तुमने मन-भर मुझे दिया है,
खेद रहेगा नहीं अगर मर जाऊँ मैं।
दिवा-रात्रि, जानें, कितने दुःख-सुख में,
कितने ही स्वर बजते रहे हृदय में;
कितने ही वेशों में आ इस घर में,
कितने ही रूपों में हृदय भरा है
खेद रहेगा नहीं अगर मर जाऊँ मैं ॥

वरण किया है तुम्हें न मन में मैंने,
कर न सका हूँ अपना सब कुछ पूरा
जो-कुछ पाया उसे नियति समझा है,
पारसमणि निज तुमने मुझको दी है;
ज्ञात मुझे, तुम यह तो जान रहे हो,
वही भरोसा–तरी, धरे मैं जाऊँ।
खेद रहेगा नहीं अगर मर जाऊँ मैं ॥

(जा दियेछो आमार ए प्राण भरि... ।)

130

मन को, अपनी काया को,
मिटा डालना चाह रहा मैं
इस काली छाया को।

उस पावक में जला डालना,
उस सागर में डुबो डालना,
उन चरणों में गला डालना,
पीस डालना माया को।
मन को, अपनी काया को॥

लखता इसे, जहाँ मैं जाता,
आसन मारे बैठा पाता;
लज्जित हूँ मैं, हर लो तुम ही—
घनीभूत इस छाया को।
मन को, अपनी काया को॥

मेरे अनुभावन में तुमको—
नहीं रहेगी बाधा कोई;
दर्शन दोगे तुम एकाकी,
दूर हटाओ माया को।
मन को, अपनी काया को॥

(मनके, आमार काया के... ।)

131

जाने के दिन ऐसा हो कि बता जाऊँ,
जो देखा है मैंने, जो पाया है,
तुलना उसकी कोई कहीं नहीं है।
ज्योति-जलधि के बीच यहाँ जो
शतदल पद्म विराज रहा है;
उसका ही मधुपान किया है मैंने;
धन्य इसी से आज हुआ हूँ मैं।
जाने के दिन ऐसा हो कि बता जाऊँ॥

विश्व-रूप के क्रीड़ा-गृह में,
कितने ही कर गया खेल मैं;
देख लिया अपरूप यहाँ है,
अपनी दोनों आँखें खोले।
स्पर्श किया जा सकता नहीं जिन्हें,
आगे वही सदेह पकड़ में हैं;
यहीं शेष यदि करना चाहें, कर दें।
जाने के दिन ऐसा हो कि बता जाऊँ॥

(जाबार दिने ए कथा टि ब'ले जेनो जाइ।)

132

जिस दिन नाम मिटा दोगे, हे नाथ !
उस दिन बच जाऊँ मैं हो मुक्त;
स्वयं-सृजित सपने से जाऊँ छूट,
लिये हुए मैं जन्म तुम्हारे बीच।

ढँके तुम्हारे कर का लेखा
रचता स्वयं नाम की रेखा;
कब तक और कटेगा जीवन–
ढोते ऐसी भीषण विपदा !

सबकी सज्जा हरण किए वह
अपने को चाहता सजाना;
सभी सुरों को रखे दबाए,
अपना सुर चाहता बजाना।

मेरा नाम भले चुक जाए,
नाम तुम्हारा ही हो मुँह में;
सबके साथ मिलूँगा उस दिन,
बिना नाम के परिचय से ही॥

(नामटा जेदिन घुचाबे, नाथ,बाँचबो सेदिन मुक्त ह'ये।)

133

जड़ी हुई है (हृदय बीच) जो बाधा
चाह रहा हूँ, उसे छुड़ा मैं जाऊँ;
मुक्ति माँगने पास तुम्हारे जाता,
(किन्तु) माँगने पर होती है लज्जा।

ज्ञात मुझे, हो तुम्हीं श्रेष्ठ जीवन में,
नहीं अन्य धन तुम-जैसा है कोई;
तब भी जो-कुछ जीर्ण-शीर्ण है घर में,
उन्हें नहीं जो फेंक कहीं मैं पाता !

तुम्हें किए आचारित मेरे मन में,
राशि-राशि भर जाता धूल मरण है;
मुझे घृणा है प्राणों से उन सबसे,
(किन्तु) वही अच्छा लगता क्यों मुझको ?

यही शेष है, धोखाधड़ी जमी है,
हुई विफलता, कितनी लुका-छिपी है !
जब भी अपना हित चाहा करता हूँ,
भय मन में तब यही हुआ करता है॥

(ज'ड़ाये आछे बाधा, छाड़ाये जेते चाइ।)

134

बीत गया यदि दिवस, न गाते पंछी,
क्लान्त पवन यदि चलता और नहीं है;
निविड़ तमिस्रा से तुम ढाँप मुझे लो,
अति घन तिमिर तले ॥

जैसे शनैः-शनैः तुमने सपने में,
ढाँप लिया है चुपके-से धरणी को;
जैसे ढाँप लिए हैं मीलित नेत्र,
ढाँप लिया है जैसे निशि-शतदल को ॥

सम्बल जिसका हुआ शेष पथ में ही,
क्षति की रेखा है जिसकी निखर उठी;
धूल-धूसरित हुआ वस्त्र अवहेलित,
शक्ति टूट जाने-जाने को जिसकी

करुणाधन ! उसकी गम्भीर गोपनता,
लाज बचाए उषाकालवत् तम में,
सुधा-सलिल से उसके प्राण जुड़ाना ॥

(दिवस यदि सांग ह'लो, ना यदि गाहे पाखि)

135

यात्री हूँ मैं तो, जी !
रख न सकेगा कोई मुझे धरे।
सुख-दुःख के बन्धन सारे हैं झूठे,
बँधा हुआ यह घर न रहेगा पीछे;
विषय-भार खींचता मुझे है नीचे !
ढह जाएगा टूट-फूटकर यह तो ॥

यात्री हूँ मैं तो, जी !
पथ पर चलता हुआ गीत मैं गाता।
देह-दुर्ग के द्वार खुलेंगे सारे,
टूटेगी जंजीर वासनाओं की;
भले-बुरे के पार उतर जाऊँगा;
लोक-लोक में चलता हुआ रहूँगा ॥

यात्री हूँ मैं तो, जी !
जो हैं भार, दूर सब हो जाएँगे।
मुझे दूर से है आकाश बुलाता,
भाषाविहीन गायन से अज्ञात के;
प्रातः-सन्ध्या किसकी वंशी मेरे–
मन को खींचा करती गम्भीर स्वर में !

यात्री हूँ मैं तो, जी !
अनजानें मैं निकला एक सबेरे।
गाता था न कहीं तब कोई पक्षी,
पता न, कितनी रात रही थी बाकी;

केवल एक आँख ही जगी हुई थी,
अन्धकार पर निर्निमेष एकाकी ॥

यात्री हूँ मैं तो, जी !
किस दिनान्त में पहुँचूँगा किस घर में !
कैसा तारक-दीप वहाँ बारे,
पवन वहाँ किस कुसुम-घ्राण से रोए !
कौन वहाँ तब स्निग्ध युगल नयनों से
मुझे अनादिकाल से लखते रहते ॥

(यात्री आमि ओरे, पारबे ना के राखते आमाय ध'रे)

136

गीत गावाए तुमने मुझसे कितने ही छल से;
कितनी ही सुख-क्रीड़ाओं में और अश्रुजल में !
आते-आते भी न पकड़ में हो आते;
आ समीप तुम भाग शीघ्रता से जाते !
प्राण व्यथा से भर जाया करते हो पल-पल में।
गीत गवाए हैं यों तुमने कितने ही छल से ॥

सधे हुए तारों से अपनी वीणा सजाते हो;
जीवन को शतछिद्र किए बाँसुरी बजाते हो !
जन्म तुम्हारे सुर की लीला से मेरा,
अगर विमोहित हो जाया करता है तो,
रखो मुझे चुपचाप शरण दे अपने चरण-तले।
गीत गवाए हैं तुमने मुझसे अतीव छल से ॥

(गान गावाऐ आमाय तुमि क'तइ छ'ले जे ।)

137

सोचा करता मैं कि यहीं है शेष;
(किन्तु) कहाँ हो पाता शेष !
पुनर्पुनः तव सभा-मंच से (नित्य)
आया करता है आदेश !

नए गान में, नए राग में,
जाग उठे मन नए ढंग में;
स्वर के पथ पर चलूँ किधर मैं, हाय !
प्राप्त नहीं कोई उद्देश[1] !

सन्ध्या की स्वर्णिम आभा में एक–
किए हुए मैं अपनी तान;
पुरवाई में शेष किए जब स्वयं
रहता हूँ मैं अपना गान;
तब निशीथ के घनतर सुर में,
पूरित हो उठता है जीवन।
नहीं तनिक भी रह जाता है
मेरे इन नयनों में निद्रालेश ॥

1. उद्देश–संकेत

(म'ने क'रि एइखाने शेष कोथा बा ह'य शेष !)

138

शेष बीच (भी) है अशेष,
यह बात आज मन में;
मेरे गायन की समाप्ति पर
क्षण-क्षण उठती है।
यद्यपि स्वर थम गया, न फिर भी
चाह रहा थमना;
नीरवता में बजती वीणा
बिना प्रयोजन के॥

लगता जब आघात तार में,
बज उठती वह सुर में;
सबसे बड़ा गान जो, वह तो
रहता दूर पड़ा!
थमने पर आलाप शान्त
वीणा पर आ जाता;
सन्ध्या जैसे है दिनान्त में
बजती गम्भीर स्वर में॥

(शेषेर मध्ये अशेष आछे एइ क'थाटि म'ने)

139

मरना नहीं चाहता हूँ मैं इस सुन्दर भव में;
मानव बीच मुझे जीवित रहने की इच्छा है।
इन रवि-किरणों में, इस मुकुलित-कुसुमित कानन में,
स्थान अगर जीवन्त हृदय के बीच एक पाऊँ।

यहाँ धरा पर सतत तरंगित प्राणों का खेला,
बना सकूँ यदि आलय मानव के सुख-दुःख में गूँथ–
विरह-मिलन का, हास्य-रुदन का मैं कोई संगीत॥

कर न सकूँ यदि वह तो जब तक जीवित रहूँ यहाँ,
तब तक ठाँव मिले तुम लोगों के ही बीच मुझे।
तोड़ लिया करोगे तुम-सब सुबह-शाम, यह सोच–
मैं संगीत-सुमन नव-नव विकसाया करता हूँ।

तोड़ लिया करना तुम लोग फूल हँसते-हँसते;
और, फेंक देना उन सबको सूख जभी वे जाएँ॥

–'संचयिता' से (मूल)

(म'रिते चाहि ना आमि ए सुन्दर भवने)।

140

चित्त जहाँ भय-शून्य रहे, हो उच्च जहाँ माथा,
जहाँ ज्ञान हो मुक्त, नहीं प्राचीर जहाँ घर का—
कर दे खंडित वसुधा को अपने ही आँगन में—
दिवा-रात्रि; हो उच्छल उर से निःसृत वाक्य जहाँ;

जहाँ कर्म की धारा हो गतिशील अजस्र, अबाध—
सतत सहस्रविध देश-देश में, दिशा-दिशा में,
रहे प्रवाहित किए उसे चरितार्थ अहर्निश;
जहाँ बालुका-राशि तुच्छ आचार-मरुस्थल की—
करे न शतधा पौरुष को ग्रसकर विचार-पथ को;

अहे सर्वकर्म-चेता ! हे आनन्द-नेतृ पिता !
अपने ही हाथों करके आघात निठुरता से,
उसी स्वर्ग में भारत को तुम जाग्रत तो कर दो ॥

'नैवेद्य' से (मूल)

(चित्त जेथा भयशून्य, उच्च जेथा शिर,)

141

रात अँधेरी घिर आई थी,
काम खत्म हो गए सभी ये;
हमने सोचा था, अब कोई
आज नहीं आनेवाला है।
द्वार सभी हो चुके बन्द थे,
रजनी-भर के हेतु, गाँव के;
बोले थे दो-एक व्यक्ति, पर,
महाराज निश्चय आवेंगे।
हँसकर हमने कहा तभी था,
नहीं; नहीं कोई आवेगा।
तभी हुई आवाज द्वार पर,
हम-सबको जो पड़ी सुनाई;
तब हम बोले थे कि हवा से,
सम्भव है, आवाज हुई हो।
दीप बुझाकर घर-घर में हम
सोये थे भरकर आलस में;
बोले थे दो-एक व्यक्ति पर,
भरसक, दूत पधारा होगा।
हँसकर हमने कहा, किन्तु था,
हो सकता है, हवा रही हो।
सुनी गई तब फिर निशीथ में,
किसी चीज की ध्वनि-सी कोई,
निद्रालस में हमने तब था
सोचा—बादल गर्जन होगा।

रह-रहकर चेतन-सी होकर
काँप उठी थी धरणी जैसे;
बोले थे दो-एक व्यक्ति तब,
पहिये की ध्वनि-सी लगती है।
निद्रालस में बोले थे हम
बादल गर्जन ही वह होगा।
तब भी रात अँधेरी ही थी,
भेरी-ध्वनि हो उठी तभी थी;
जैसे कोई था पुकारता,
जाग पड़ो सब, करो न देरी।
हाथ धरे छाती पर हमसब,
काँप उठे थे डर के मारे;
कहा किसी ने तब चुपके-से,
राजा की दिख रही ध्वजा है।
तब हमसब जगकर बोले थे,
और नहीं करनी है देरी।
कहाँ प्रकाश, कहाँ थी माला,
और, कहाँ कोई आयोजन ?
राजा यहाँ पधारे सहसा,
कहाँ यहाँ कोई सिंहासन ?
हाय नियति, हम लज्जित थे अति,
कहाँ सभा या कोई सज्जा।
बोले थे दो-एक व्यक्ति तब,
व्यर्थ हमारा है यह क्रन्दन;
खाली हाथ शून्य घर में ही,
करो शीघ्र उनका अभ्यर्थन।
अजी ! खोल दो द्वार; बजाओ,
अभिनन्दन में शंख बजाओ;
आए हैं गम्भीर रात में,
आज अँधेरे घर के राजा।

वज्रनाद हो रहा शून्य में,
क्षण-क्षण बिजली छिटक रही है;
जीर्ण-शीर्ण कन्धा, जो भी हो,
ले आओ, आँगन सज डालो।
आ धमके हैं आज झड़ी के
साथ दुःख-रजनी के राजा।

—खेमा' से (मूल)

●●●